AF458491

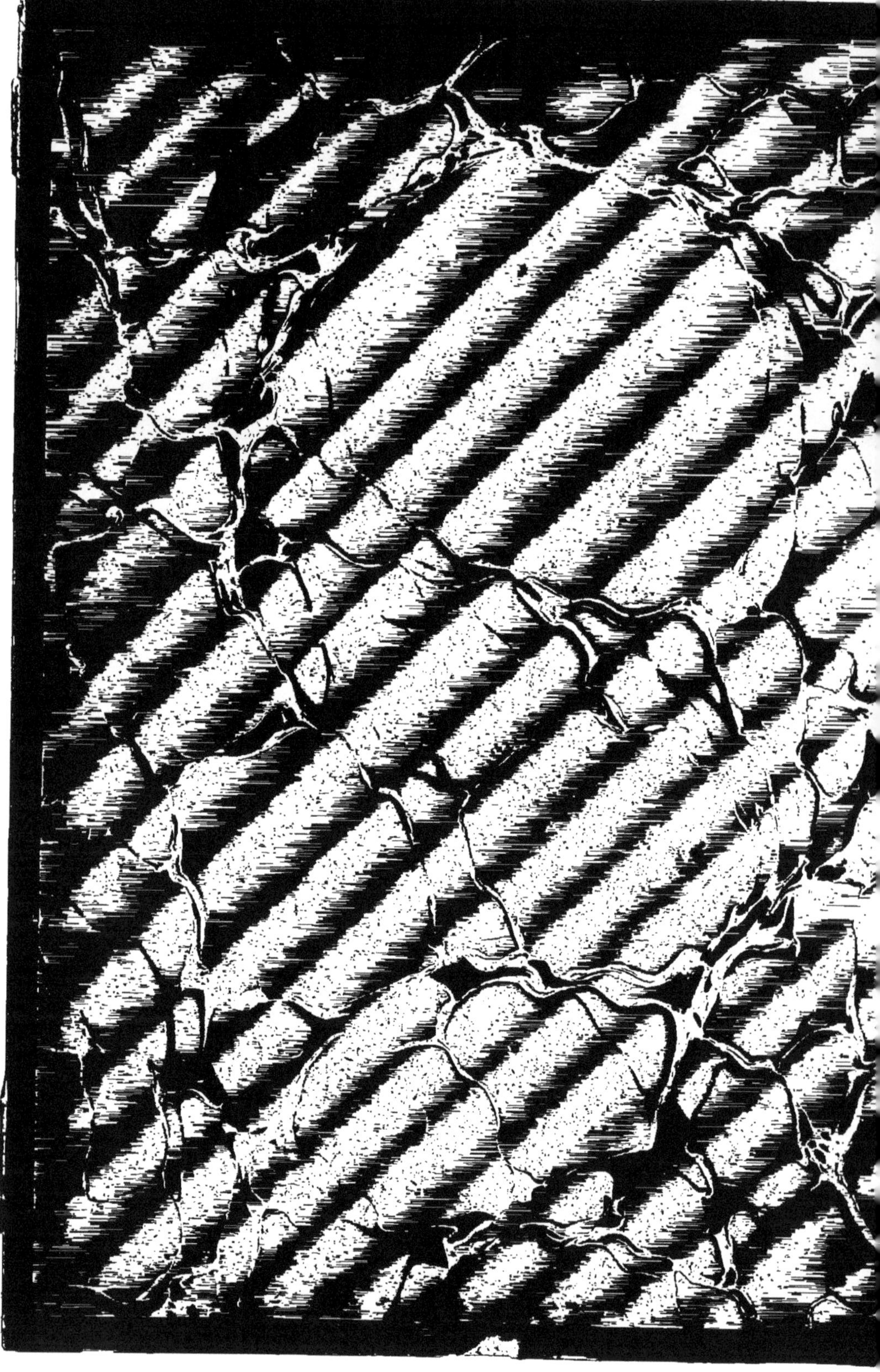

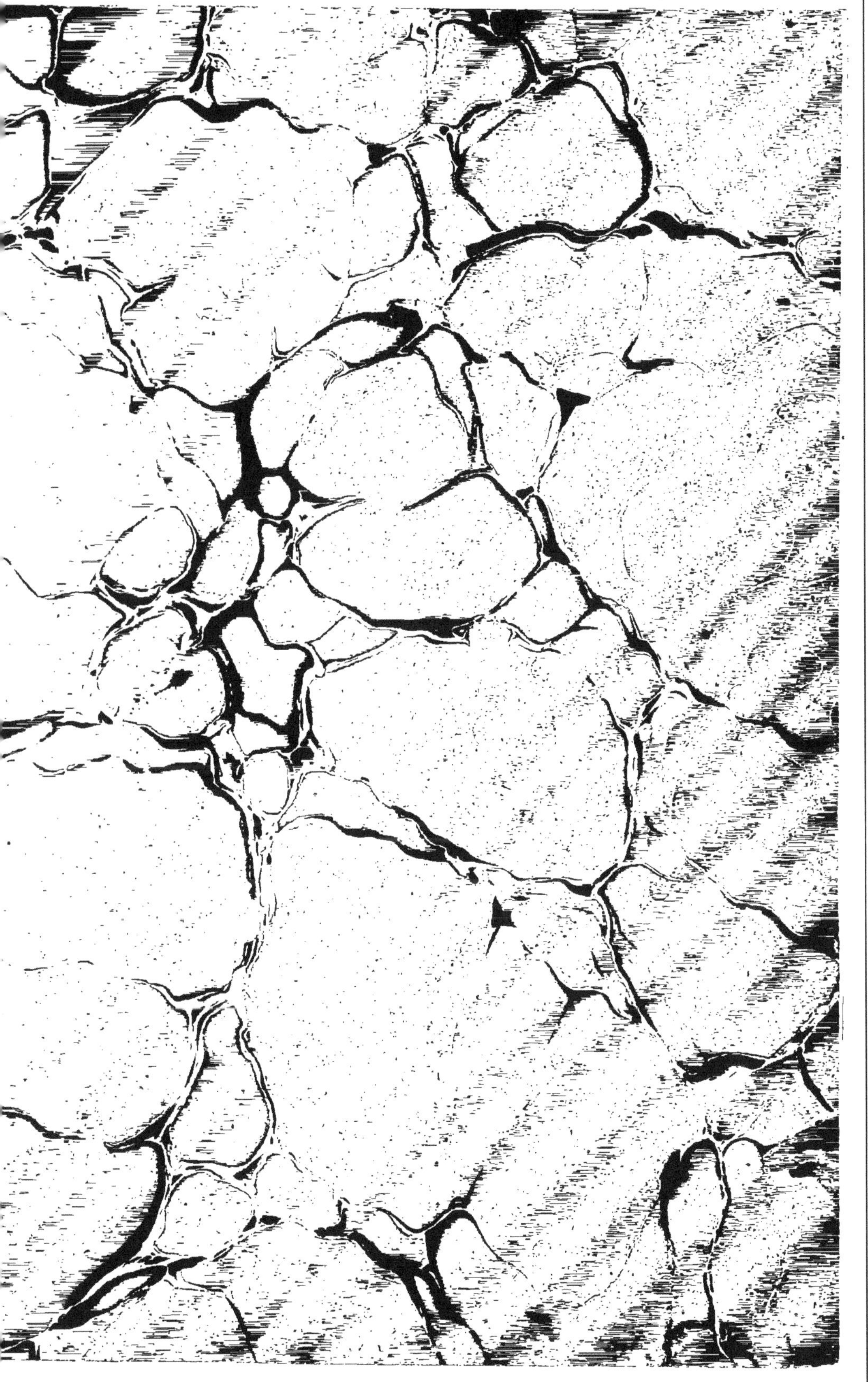

HENRI D'ORLEANS DUC D'AUMALE
J.C. CHAPLAIN
1887

MUSÉE CONDÉ
LE 25 OCTOBRE
1886

Tout le monde connaît le récit de la bataille de Rocroy. Nous avons néanmoins sollicité et obtenu de M. le Duc d'Aumale l'autorisation de le reproduire. Cet extrait de l'*Histoire des Princes de Condé* prend sa place à côté de l'*Oraison funèbre du grand Condé*, et notre pensée en le publiant à nouveau a été de le faire adopter dans les recueils de nos plus beaux morceaux d'histoire et de littérature.

LA JOURNÉE
DE ROCROY

(19 MAI 1643).

PARIS. — IMP. GAUTHIER-VILLARS ET FILS,
55, quai des Grands-Augustins, 55

LA JOURNÉE
DE ROCROY

(19 MAI 1643)

PAR

M. LE DUC D'AUMALE

PARIS,
H. CHAMPION, LIBRAIRE
9, QUAI VOLTAIRE, 9

1890

LA JOURNÉE
DE ROCROY

(19 MAI 1643).

Au commencement de 1643, l'Espagne tenait presque tout le Brabant, les Flandres, l'Artois (moins trois places), le Hainaut (moins une place) et le Luxembourg (en y comprenant Thionville). La France, outre la Picardie, la Champagne et les Trois-Évêchés, occupait le littoral reconquis jusqu'à Calais, le Boulonnois et le comté de Guines; de ses conquêtes éphémères en Artois, elle gardait Arras, Hesdin et Bapaume; elle avait détaché Landrecies du Hainaut. Si l'on considère la France actuelle, on voit que le roi catholique possédait le département du Nord (moins la petite ville de Landrecies) et celui du Pas-de-Calais (moins le littoral et trois places isolées). Le gouverneur espagnol des pays-Bas pouvait communiquer par Thionville avec les domaines ou les alliés que son souverain conservait en basse Alsace et dans la vallée du Rhin, enfin avec les généraux et les terres de l'Empereur. Il avait à se garder fortement vers le nord pour contenir « les rebelles » des Provinces-Unies, qui comprenaient le royaume actuel de Hollande. Maîtres des bouches du Rhin et de la Meuse, les confédérés pouvaient encore fermer l'Escaut ou l'ouvrir aux Anglais; l'Espagne perdait ainsi le parti qu'elle aurait pu tirer de la possession d'Anvers, et sur la mer du Nord disposait des seuls ports d'Ostende et de Dunkerque, presque toujours bloqués par les flottes hollandaises.

Telle était la situation des belligérants quant aux territoires occupés. Examinons la situation des armées. La France avait, dans les dernières années, essuyé en rase campagne des revers considérables, devant Thionville en 1639, près de Sedan, à la Marfée en 1641, et en 1642 à Honnecourt, aux sources de l'Escaut. Trois fois nous avions été surpris et trois fois la défaite s'était changée en déroute. Dans ces rencontres, la cavalerie française avait plutôt manqué de souffle que d'élan; elle avait facilement lâché pied et trop vite quitté le champ de bataille. L'infanterie, abandonnée par la cavalerie, s'était montrée inégale; la solidité, la cohésion lui avaient fait défaut. L'armée espagnole conservait le prestige de la supériorité militaire.

Au milieu des petites places éparses dans les vastes plaines des Pays-Bas, l'armée du roi catholique figurait comme une citadelle vivante et mobile, destinée à contenir les peuples dans la soumission et à résister aux invasions, difficile à ravitailler, mais menaçante, dominant au loin, poussant de vigoureuses sorties. On pouvait l'entamer, la frapper dans ses dehors; tant qu'elle restait debout, l'adversaire ne devait compter ni sur une victoire définitive ni sur une conquête durable. Les contingents fournis par les diverses provinces de la monarchie, les Italiens de Naples, de la Sicile et du Milanais, les Bourguignons de la Franche-Comté, les Flamands, les Wallons, les Allemands venus des bords du Rhin représentaient les ouvrages extérieurs, soutenus et reliés par un réduit inébranlable, les fameux *tercios viejos* (1), les « Espagnols natu-

(1) Lors de leur création au XVIe siècle, les régiments d'infanterie espagnols étaient divisés en trois tronçons, l'un armé d'épées et de boucliers, un

rels ». Ces vieux régiments ne pouvaient guère s'entretenir par un recrutement régulier : « Vouloir mettre une pique en Flandre, disait le proverbe castillan, c'était tenter l'impossible ». Les contingents arrivaient difficilement par mer, rares ou faibles, presque nuls depuis l'anéantissement de la grande Armada ; le cabinet de Madrid laissait ces régions lointaines s'épuiser périodiquement par la guerre ou les maladies. Quand l'effectif tombait trop bas, d'autres étaient mises sur pied dans le Milanais ou dans le Napolitain, et soit par la Savoie et la Franche-Comté, soit

autre de piques, le troisième d'arquebuses ; de là le nom de *tercios*, qui avait survécu à la modification de l'armement. — Sous le titre : *Del principio y fin que tuvo la supremacia militar de los Españoles*, M. Canovas del Castillo a esquissé à grands traits l'histoire de l'armée espagnole de Flandre aux XVIe et XVIIe siècles. Ce remarquable *Essai* de l'éminent homme d'État nous a fourni de précieux renseignements.

par le Brisgau et l'Alsace, ou par la Valteline et les États autrichiens, elles gagnaient les Pays-Bas. C'est ainsi que l'armée du duc d'Albe remplaça vers 1566 celle qui avait triomphé à Saint-Quentin avec Philibert-Emmanuel ; il y eut ensuite celle du duc de Parme, celle de Spinola ; l'armée du cardinal-infant que nous avons sous les yeux avait dix ans de service.

Dans le chapitre trente-huitième du plus célèbre des romans, au moment où de nombreux auditeurs, groupés autour du bon chevalier de la Manche, écoutent un de ces discours où la hardiesse de la philosophie s'enveloppe d'un léger voile de folie, la porte de l'hôtellerie bien connue s'ouvre devant « un homme au teint brun, à la moustache longue, qui paraître venir du pays des Maures ». Le silence se fait aussitôt, et cet homme, « le captif », qui arrive d'Alger, jetant le masque du récit impersonnel, raconte sa propre histoire, les hauts faits « d'un tel de Saavedra ». En quelques mots, il trace le tableau des souffrances du soldat « le plus pauvre entre les pauvres, réduit à la misère de sa paye, qui vient tard, si jamais elle vient, ou à ce qu'il grappille de ses propres mains, au grand péril de sa vie et de sa conscience; parfois si nu qu'un méchant pourpoint lui sert de chemise et de parure, et, lorsqu'il couche sur la terre en rase campagne, au milieu de l'hiver, ayant pour tout réconfort l'haleine qu'il tire de sa bouche et qui, contre les règles de la nature, sort froide, croyez-le; car elle sort d'un lieu vide (1) ». Cervantes avait servi dans les *tercios* de Moncada et de Figueroa. Blessé au visage, mutilé par la guerre, il est le type accompli, héroïque du « fantassin »; le mot est d'origine espagnole.

(1) *Don Quixote*, primera parte, c. XXXVIII.

Ces fantassins avaient à un haut degré certaines vertus du soldat, la frugalité habituelle, la patience, le mépris de la mort. Fiers, fatalistes, violents, impitoyables, se montrant à l'occasion sans frein dans la débauche, et, au lendemain d'un pillage, reprenant leur vie de misère avec la même résignation, tous se croyaient ou se disaient gentilshommes, *hidalgos,* vieux chrétiens pour le moins. Les officiers étaient de la même caste que les soldats; si le cadre d'un régiment avait survécu à la troupe, on formait des compagnies d'officiers réformés qui portaient la pique et le mousquet à côté des autres. Dans leurs mutineries (qui étaient fréquentes), ils changeaient leurs chefs, et souvent les généraux traitaient avec eux, acceptaient leurs choix; d'autres fois, la répression était terrible : on pendait beaucoup. Il n'y a pas, dans les temps modernes, de troupe qui ait plus ressemblé aux argyraspides d'Alexandre et aux vétérans de César.

L'infanterie recrutée en Italie et amenée en Flandre avec les *tercios* était à peu près dans les mêmes conditions, peut-être plus alerte, mais moins ferme, moins disciplinée, ayant plus de besoins, plus de vices; là était le principal foyer des rébellions. Ces soldats étaient suivis de femmes et de valets en grand nombre, dont ils se séparaient pendant les mois de campagne, et qu'ils retrouvaient ou ne retrouvaient pas en reprenant leurs quartiers d'hiver. Un jour, le *tercio* du marquis d'Yenne, quittant Namur, y laissait six cents personnes de son bagage, et le gouverneur d'Aire, en juin 1644, comptait dans sa place deux cent quatre-vingt-onze femmes mariées (*donne maritate*) appartenant au régiment italien Martini, avec trois fois autant d'enfants, et sans compter les concubines. Il faut se reporter aux gravures de Callot, *les Misères de la guerre*, surtout aux tableaux et aux estampes de certains maîtres flamands, pour se figurer avec quelle licence vivaient ces bandes d'expatriés, non seulement en pays ennemi, mais dans les contrées mêmes qu'elles étaient appelées à défendre et à protéger ; de nombreuses lettres de prélats et d'administrateurs belges en témoignent avec des détails effrayants. Les soldats que nous pouvons appeler indigènes, les Flamands, Wallons, Lorrains, Comtois, Allemands du cercle du Rhin, sont généralement plus jeunes, moins violents, peut-être plus prompts à se débander ; ils sont chez eux, ils savent où fuir après une déroute, où se retirer à la fin de leur engagement. La combinaison de tous ces éléments disparates, de ces troupes d'origine et de mœurs si différentes, tenant les mêmes garnisons, combattant ensemble sans se mêler, faisait la force et la faiblesse de l'armée du roi catholique; les régiments se surveillaient entre eux, se maintenaient ou se ramenaient réciproquement dans le devoir; il y avait des rivalités généreuses; il y avait aussi les haines de race, les jalousies fatales, parfois la trahison ou le soupçon de la trahison.

Vigoureuse dans les attaques, sachant tirer parti du feu (1), ayant surtout la tenue du champ de bataille, cette infanterie manquait de mobilité et de souplesse, exagérait les formations compactes. La cavalerie, presque toute alsacienne et wallonne, avec quelques compagnies espa-

(1) En 1595, devant Doullens, l'armée française ne put supporter le feu terrible des *tercios*, « ces salves qui faisaient paraître tout un enfer au milieu des blés ». (*Récit espagnol*, ap. FORNERON, *Philippe II*, t. IV.)

gnoles, pesamment armée, bien montée, était surtout redoutable au choc; les troupes légères, armées à la hongroise, venait des plaines du Danube. L'artillerie, lourde, mais suffisamment nombreuse et bien munie, était accompagnée d'équipages de siège et de ponts très complets pour l'époque. Alors que le canon dans les armées françaises était conduit par un simple lieutenant du grand-maître, qui n'avait pas de rang militaire bien défini, moitié soldat, moitié entrepreneur, chaque armée espagnole avait un général d'artillerie. La disparate que présentaient les troupes se retrouvait dans le commandement avec des complications qui semblaient être un legs politique de Philippe II.

Si le capitaine-général, qui réunissait tous les pouvoirs, était maintenu plusieurs années dans ses fonctions, les généraux sous ses ordres changeaient souvent d'attributions; leurs patentes n'étaient données que pour six mois. Les chefs de corps mêmes, les mestres-de-camp, étaient souvent déplacés et mis à dessein à la tête de régiments de race différente. L'origine obscure ou douteuse n'était pas un obstacle : un marchand génois avait jadis succédé au duc de Parme; aujourd'hui le propre frère du roi (1) vient d'être remplacé par un cadet de famille portugais, don Francisco Melo, qui a pour mestres-de-camp généraux un pâtre du Luxembourg, Beck (2), un

(1) Ferdinand, fils de Philippe III, roi d'Espagne, dit le cardinal-infant.

(2) Jean Beck, né à Bastogne dans le Luxembourg, successivement berger, postillon, soldat au service d'Espagne, fut créé baron, gouverneur du duché de Luxembourg et parvint au grade de maréchal-de-camp général. A Thionville, en 1639, il menait l'avant-garde comme sergent-général-de-bataille, et, en 1642, il eut la plus grande part à la victoire de Honnecourt. Percé de coups et pris à la bataille de Lens (1648), il mourut à Arras et fut inhumé à Luxembourg, dans l'église des Récollets.

gentillâtre lorrain, Fontaine [1], et comme principaux lieutenants, au-dessous de ces deux soldats de fortune, de grands seigneurs tels que le prince de Ligne, le comte

[1] Enrôlé très jeune, Paul-Bernard Fontaine s'était fait promptement remarquer, et, dès 1626, il avait rendu à la maison d'Autriche des services assez importants pour être nommé comte par l'empereur Ferdinand II. La même année, il acquit d'Henri Gouffier, marquis de Bonnivet, la terre de Fougerolles en Franche-Comté; ce titre de seigneur de Fougerolles a fait supposer que Fontaine était Comtois ou tout au moins Vosgien. Fils d'un maître d'hôtel du duc de Lorraine, élevé peut-être à la cour de Nancy, en tout cas protégé par la duchesse Marguerite, il épousa Anne de Raigebourg, d'une ancienne famille des environs de Metz (communication de M. Castan, l'érudit bibliothécaire de Besançon). En 1631, il était gouverneur de Bruges. Philippe IV le nomma l'un des gouverneurs des États de Flandres, à la mort du cardinal-infant. En 1643, il avait cinquante ans de service et le grade de maréchal-de-camp-général. Remarquons que presque tous les recueils biographiques confondent ce soldat de fortune, tué à Rocroy, avec Pedro Enriquez de Acevedo, comte de Fuentes, petit-neveu du grand-duc d'Albe, né vers 1526, longtemps capitaine-général des armées espagnoles, vainqueur à Doullens en 1595, et mort en 1610 à Milan.

de Bucquoy, le comte d'Isembourg, Cantelmi des ducs de Popoli, la Cueva, duc d'Alburquerque, appartenant aux plus hautes lignées des provinces belges, de l'Allemagne, de Naples et de la Castille.

Assez proche parent de l'héritier des anciens rois de Portugal (1), Melo avait rompu de bonne heure avec le chef de sa maison, le duc de Bragance, dont les prétentions semblaient n'avoir alors aucune chance de succès. Pauvre, ambitieux, il avait quitté l'antichambre de son cousin en disgrâce pour se donner au premier ministre de Philippe IV, dont il sut gagner et conserver la faveur. La carrière de la politique active s'ouvrit devant lui ; il en parcourut rapidement les degrés et s'acquitta heureu-

1. Don Francisco Melo de Braganza, successivement créé comte d'Assumar et marquis de Tor de Laguna, descendait d'Alphonse, premier duc de Bragance (1442), fils naturel de Jean Ier, roi de Portugal.

sement de missions difficiles à Vienne, à Gênes, à Ratisbonne, en Sicile. C'était un homme d'une quarantaine d'années, trapu, les cheveux touffus, le visage noir, d'aspect très méridional. Intelligent, adroit, énergique, diplomate consommé, administrateur habile, il n'avait ni expérience de la guerre ni connaissances professionnelles, quand il reçut, avec le titre de gouverneur des Pays-Bas et de Bourgogne, le grade de capitaine-général et le commandement d'une armée. La fortune sourit à ses débuts; il créa des ressources, rétablit un peu d'ordre dans les finances et entra en campagne en 1642 avec une armée bien pourvue, à laquelle il sut donner une bonne direction générale. Pour conduire les troupes sur le terrain, il pouvait se fier au coup d'œil sûr, au sang-froid et à la longue expérience de Fontaine, vieux guerrier de cinquante ans de service, et au courage entraînant de Beck, d'un caractère bouillant, animé par la haine du nom français, un de ces hommes que nos voisins d'outre-Rhin surnomment général *Vorwaerts* (en avant). Employant habilement, selon leur aptitude, des lieutenants de cette qualité, Melo enleva Lens et La Bassée sous les yeux des généraux français; puis, ceux-ci ayant séparé leurs quartiers, il tomba un matin sur l'armée du maréchal de Guiche, et, lâchant la bride à Beck, remporta une victoire éclatante (26 mai 1642). Peu s'en fallut que le gouverneur des Pays-Bas ne pût alors réaliser le rêve de ses prédécesseurs, pénétrer jusqu'au cœur de la France.

« Les Espagnols se vantent, dit un auteur contemporain, sagace et bien informé (1), de vouloir hyverner à Paris sur le fondement de leur premier exploit en

1. Le Laboureur, *Histoire de Guébriant.*

Picardie ». C'était un objectif fixé par la tradition; or la tradition régnait dans cette armée ; établie par les maîtres, elle guidait leurs successeurs. Il y avait là une véritable école: avec des degrés marqués dans la pratique, des écarts considérables dans le succès, la méthode reste uniforme. Quelle que soit la diversité des origines, du mérite, les généraux du roi catholique emploient les mêmes procédés stratégiques : le secret et le calcul dans la combinaison des marches, les concentrations longuement préparées, rapidement exécutées, l'emploi très étudié, souvent excessif, de la fortification; plus de sièges que de combats. Habituellement temporiseurs, ils ont leurs jours de hardiesse; excellant à défendre ou à gagner le terrain pied à pied, ils savent aussi, quand l'occasion se présente, aller au loin chercher le corps à corps avec l'ennemi. Le plus souvent victorieux en face des Français, ils n'ont pas toujours eu le même bonheur avec d'autres adversaires, et ces rebelles hollandais, qu'ils affectent de mépriser, leur ont donné mainte leçon dont ils n'ont pas su profiter. Dès l'année 1600, dans la journée de Nieuport, Maurice de Nassau avait montré à leurs dépens comment une armée divisée en groupes maniables, habile à évoluer, à changer de front, pouvait battre des troupes plus nombreuses, plus aguerries, mais rivées à une tactique fixe et sans souplesse. C'est l'histoire de la légion et de la phalange.

Il faut s'arrêter un moment à ces réformateurs de la tactique pour comprendre les revers qui vont frapper cette armée espagnole, dont nous essayons d'expliquer la grandeur et la décadence. Le stathouder Maurice avait ouvert la voie, trouvé des formules pour le maniement de la pique et du mousquet, tracé des règles pour distribuer les troupes, varier leurs évolutions, combiner l'emploi des différentes armes. Rompant les entraves d'une organisation capricieuse, il créa des unités de combat d'égale valeur, le bataillon et l'escadron. La théorie est une lettre morte sans la pratique; les principes posés par cet instructeur incomparable reçurent leur application sur le champ de bataille. Venu après Maurice, connaissant imparfaitement son œuvre, esprit indépendant, Henri de Rohan essaya d'adapter les enseignements de l'antiquité, surtout les leçons de César, au service des armées modernes; il ne sortit guère des idées générales; non certes qu'il fût étranger à la conduite des troupes sur le terrain; mais, n'ayant commandé que des armées de rencontre, il n'avait pas eu l'occasion de manier longtemps de suite un même instrument façonné à sa guise. D'un génie plus vaste et plus hardi, Gustave-Adolphe porta les réformes ébauchées en Hollande aussi loin que le permettait l'état de l'armement.

Les Espagnols, fiers d'avoir vaincu les Suédois à Nordlingen, continuant de malmener les Français, tenaient peu de compte des créations de Maurice et de Gustave. Pourquoi ces manœuvres nouvelles, ces subdivisions? Fallait-il, pour quelques accidents, renoncer à ce vieil et glorieux ordre de bataille, changer l'allure de ces compagnies d'hommes d'armes, de ces *tercios* si fermes quand ils recevaient le choc, marchant si droit quand il fallait frapper? Au contraire, depuis plusieurs années, l'armée française comptait parmi ses chefs, et même parmi les officiers subalternes, nombre de militaires qui avaient appris leur métier en Hollande ou servi avec les disciples du roi de Suède; sous leur inspiration, la tactique se réglait, se modifiait par degrés ; jusqu'à ce jour, aucun succès éclatant n'avait consacré ces réformes encore timides et obscures ; mais vienne le vrai capitaine qui saura mettre en œuvre ce travail préparatoire, et la semence portera ses fruits. A côté des gens de métier qui tiraient sagement profit des résultats de leur expérience, il y avait aussi, dans nos rangs, des étourdis qui voulaient tout mener à la mode suédoise ou hollandaise, comme on a vu dans d'autres temps certains imitateurs serviles copier maladroitement Frédéric et ses continuateurs ; d'autres, par réaction contre l'engouement ou seulement par ignorance, restaient rebelles au progrès. Au quartier-général d'Amiens, la routine était représentée par L'Hôpital, l'esprit nouveau par Gassion et par Sirot, moins brillant, plus complet. Nous avons vu comment le duc d'Anguien, prenant possession de son commandement, rencontra ces trois hommes, quelle situation ils occupaient au moment où le jeune général survenait presque seul, devançant ses instructions, ses officiers, ses troupes, cherchant des nouvelles, et nous avons quitté l'état-major français pendant ces premiers temps d'inaction forcée, pour jeter un coup d'œil au-delà de la frontière et connaître l'adversaire avec lequel Anguien allait croiser le fer.

Six jours après son arrivée, le 21 avril 1643, il reçut les instructions du Roi, datées du 16. Aucun plan ne lui était tracé, aucune entreprise indiquée. Sa mission était de pénétrer « les desseins des ennemis et d'en empescher l'effect ». Il devait régler ses mouvements sur ceux de l'adversaire, repousser les incursions sur les terres du Roi et secourir les places attaquées, « Sa Majesté ne luy pouvant rien prescrire de particulier sur ce subject, mais seulement de faire ce qu'il jugera, estant sur les lieux, par le conseil du sieur du Hallier,... estre le plus advantageus sans s'engager à rien dont l'issue ne doibve, par toutes les apparences humaines, estre glorieuse pour les armes de Sa Majesté » ; et, comme pour rendre la tâche plus ardue encore, le Roi se réservait la disposition d'une partie des forces qu'il mettait aux ordres de son jeune cousin. Ainsi les troupes qui avaient rendez-vous sur la Somme et sur l'Authie, ou qui étaient encore disséminées dans diverses garnisons, constituaient l'armée de Picardie proprement dite. Quant aux deux corps que le marquis de Gesvres réunissait dans la vallée de l'Oise, entre Guise et Chauny, le duc d'Anguien ne pouvait les appeler à lui que pour une grande occasion, successivement, et de telle sorte que Sa Majesté pût toujours les retrouver pour les faire concourir aux opérations qu'elle comptait diriger en personne. Les ordres de détail insistaient sur cette séparation, traçant une limite exacte entre les quartiers de l'armée de Picardie et les logements assignés aux troupes du marquis de Gesvres, qui, dans certaines pièces, reçoivent le nom d'armée de Champagne.

Ces instructions, à la fois vagues et compliquées, étaient plus faites pour rendre celui auquel elles s'adressaient indécis et timide que pour diriger l'inexpérience d'un général de vingt ans. La disposition en deux groupes sur la Somme et sur l'Oise présentait quelques avantages, encore plus de périls. Comme premier rendez-vous, elle était judicieuse, facilitait les subsistances, entretenait l'ennemi dans un certain doute sur la direction des mouvements ultérieurs, permettait de serrer sur la droite ou sur la gauche, chacun des deux groupes pouvant servir de base à la concentration générale. L'écart entre les deux ailes était excessif; là était le danger, accru encore par l'organisation du commandement. Gesvres avait des pouvoirs distincts et recevait de Paris des ordres directs. Il lui était bien prescrit de déférer aux réquisitions du duc d'Anguien; mais il était chargé d'observer le Luxembourg, de veiller à la sûreté de la Champagne et d'en garnir les places; enfin il devait se tenir prêt à soutenir le maréchal de La Meilleraie, posté à Langres avec un rassemblement de troupes qui, bien que décoré du nom d'armée de Bourgogne, était insuffisant pour conquérir la Franche-Comté et se saisir de la ville impériale de Besançon, opération que le Roi se réservait de diriger en personne; or, tant que Louis XIII eut un souffle de vie, rien ne put lui faire abandonner cette chimère. C'était un brillant officier que le marquis de Gesvres; dans la force de l'âge, ardent, bien en cour, capitaine des gardes, aspirant à la dignité de maréchal de France et fort pressé de voir réussir des prétentions déjà appuyées sur de beaux services ([1]). Laissé en quelque sorte arbitre de ses mouvements, il pouvait, sans manquer au devoir, céder au désir de manœuvrer seul ou de conduire ses troupes sous les yeux du Roi. Au moment le plus critique, le commandant en chef de l'armée

([1]) Louis-François Potier, marquis de Gesvres, d'une famille de robe très puissante, descendant du secrétaire d'État bien connu de Henri III et de Henri IV, né en 1610, se distingue très jeune devant La Rochelle, sert pendant trois ans en Hollande; toujours et très activement employé depuis son retour en France (1632). Mestre-de-camp de cavalerie et maréchal-de-camp en 1638; très brillant à Fontarabie, grièvement blessé au siège d'Arras et dans mainte occasion (trente-deux blessures, disait-on), reçoit, en 1641, le régiment d'infanterie du malheureux Saint-Preuil. Capitaine des chasses et capitaine des gardes en survivance de son père, récemment créé duc de Tresmes. Tué le 4 août 1643.

de Picardie se trouvait exposé à voir sa droite entièrement découverte et à perdre le concours d'un tiers (au moins) de ses troupes.

Il était difficile de prendre un commandement dans des circonstances moins avantageuses. La mort de Richelieu avait amené un relâchement général, suite habituelle de la chute des gouvernements qui ont tendu à l'excès tous les ressorts. Les mécontents relevaient la tête; les ambitieux se tenaient aux aguets; tous les yeux étaient tournés vers la cour. Le lien de la discipline s'affaiblissait; chacun allait, venait, celui-ci pour régler ses affaires, cet autre pour solliciter. Gesvres, malgré son goût pour le métier des armes, quitta son poste important de Chauny et s'absenta des premiers, appelé par de graves intérêts de famille, peut-être aussi obéissant à un sentiment plus impérieux encore que l'ambition (1). Des maréchaux-de-camp comme d'Aumont, et le maréchal-de-bataille lui-même, La Vallière, suivirent cet exemple; après s'être montrés à leur poste, à peine arrivés, ils repartaient. « Tous les capitaines du régiment des gardes escossoises, écrivait M. le Duc à son père, s'en sont allés à Paris sans mon congé; les officiers suisses sont aussy tous à Paris, il n'y a point d'officiers à ces troupes, et les soldats ne marcheront pas sans eus. Que l'on commande à tous les officiers de l'armée qui sont à Paris de se rendre à leurs charges ». L'argent devenait rare; les services étaient mal assurés, la solde en retard. « Nostre artillerie n'est point preste pour marcher; nous avons si peu de chevaus, qu'on n'en

(1) Le prétexte de cette absence était la presentation de son père comme duc et pair; le vrai motif était son désir de se rapprocher de Marie de Gonzague, future reine de Pologne.

peut guère mener... Il n'y a plus de quoy faire subsister la cavalerie d'Amiens ny celle d'Abbeville », écrivait encore M. le Duc, et, quand on lui annonça un premier envoi d'argent, on eut soin de le prévenir qu'il n'y avait rien pour l'infanterie. « Il est fort à craindre qu'elle ne se desbande, répliqua-t-il. Surtout payés les Suisses; ne maltraités pas un corps considérable. Si l'on n'observe pas le traité qu'ils ont faict avec M. de Noyers, je prévoy un grand désordre et qui gagneroit toute l'armée ». Les chefs des troupes étrangères capitulées laissaient entendre que la mort prochaine du Roi les relèverait de leur serment. Il n'y avait pas de mutineries à craindre, mais la désertion pouvait devenir contagieuse. Dans les régiments nationaux, qui ne quittaient guère le sol de la France, les hommes fatigués ou ennuyés disparaissaient assez facilement; quelques-uns étaient arrêtés, beaucoup échappaient, retournaient chez eux ou allaient reprendre du service ailleurs : si les capitaines, en recrutant leurs compagnies, tombaient sur un homme de bonne mine, ils ne s'inquiétaient guère des antécédents. Les troupes commettaient beaucoup de désordres. Le ministre en demandait la répression, signalait les « voleries » des capitaines qui présentaient des « passe-volants » aux revues, etc. On pendait quelques pillards, on menaçait certains officiers de la Bastille, on cassait les plus mauvais.

L'armée manquait d'ardeur et de confiance; elle avait cette allure triste et résignée que donne l'habitude de la défaite. M. le Duc se rendait bien compte du tempérament de ses troupes : « Il y en a de bonnes, mais pas toutes. » Plusieurs corps avaient montré de la faiblesse dans les campagnes précédentes; on les nommait.

Sur vingt régiments d'infanterie, neuf ou dix pouvaient être considérés comme solides, encore étaient-ils presque entièrement refaits; car tous avaient souffert. L'effectif de quelques-uns était tombé si bas, qu'il fallait en mettre deux ou trois ensemble pour former l'unité de combat, le bataillon. Nombre de visages imberbes dans les rangs, quoique l'ensemble fût robuste, les piquiers surtout, hommes de choix, appelés à manier une lourde lance et à recevoir le choc; les mousquetaires étaient plus agiles; leur arme, difficile à charger, n'avait d'effet qu'aux petites distances : les uns et les autres étaient assez bien exercés. Beaucoup de bons capitaines, surtout dans les « vieux », Picardie, Piémont, et dans les « petits vieux », comme Rambures, La Marine, Persan; quelques très bons mestres-de-camp. La cavalerie se composait de vingt et un régiments, presque tous accusés d'avoir tourné bride sans en venir aux mains, ceux-ci à Thionville, d'autres à La Marfée. Ils s'étaient mieux comportés à Honnecourt, notamment les chevau-légers de Guiche. Le meilleur renom appartient aux cuirassiers de Gassion, aujourd'hui « Mestre-de-camp-général » et à « Royal », qui s'appelait « Richelieu » il y a quelques mois. Tous combattent avec l'épée et le pistolet; ils sont passablement montés. Le service d'éclaireurs est fait par deux régiments de Croates et par les fusiliers à cheval. Pour réserve, quelques compagnies de « gendarmes » qui « ne vont pas à la guerre », c'est-à-dire aux avant-postes et reconnaissances, mais qui savent charger à fond; ils étaient deux cent vingt maitres à La Marfée; ils y furent héroïques. L'artillerie se remettait difficilement des pertes essuyées à Honnecourt; le nombre de chevaux affectés aux bouches à feu et au parc ne dépassa pas quatre cents. Un homme entendu et dévoué, La Barre, lieutenant du grand-maitre ([1]), dirigeait ce service, qui était une sorte d'entreprise : il ne put atteler que douze pièces de campagne. Les hôpitaux se préparaient, les magasins se remplissaient; d'après les ordres du Roi, tout était disposé pour la défensive.

L'état-major général et l'état-major particulier se constituaient. Il faut bien se servir de notre langue moderne pour parler de ce qu'on n'avait pas encore songé à définir. Si peu précises que fussent alors

([1]) Henri de Chivré, marquis de La Barre, commanda l'artillerie aux sièges d'Allemagne et de Flandre, de 1632 à 1638. Il fut tué devant Saint-Omer, en juillet 1638. Son fils étant alors trop jeune pour succéder à la charge de lieutenant du grand-maitre, le Roi lui donna cet office le 16 janvier 1643. C'est probablement ce dernier qui prit la direction du service à Amiens, au mois d'avril, et que nous allons voir tuer à Rocroy.

des attributions sur lesquelles on n'est pas, même de nos jours, complètement d'accord, il n'en fallait pas moins des instruments pour faire connaître ou exécuter la pensée du général, des intermédiaires entre lui et les troupes. Le commandant en chef avait auprès de lui d'abord un lieutenant-général (1) chargé de le seconder ou de le remplacer en cas d'empêchement, puis des maréchaux-de-camp en nombre variable. Hors le cas des commandements séparés, comme celui que Gassion exerçait à Doullens en vertu de sa charge, et Gesvres, par pouvoir spécial, à Chauny, ces officiers-généraux n'avaient ni emploi fixe, ni tour de service, ni même un rang bien marqué. Ils recevaient des missions temporaires, la direction d'un détachement ou d'une attaque durant un siège, ou d'un

(1) Pourvu non d'un grade, mais d'une commission.

groupe de troupes dans un jour d'action. Pour donner des ordres de route ou de logement, pour régler les mouvements et la formation sur le terrain, le général en chef était assisté par le « maréchal et les sergents-de-bataille ». Des « aides-de-camp » et des « volontaires » transmettaient ses ordres et combattaient à ses côtés quand on menait les mains.

Espenan, doyen des maréchaux-de-camp alors employés sur cette frontière, alla occuper à Chauny la place que Gesvres laissait vacante en prenant un congé. M. le Duc n'avait à redouter aucune velléité d'indépendance chez ce nouveau lieutenant, que le prince de Condé venait de sauver de la disgrâce et peut-être de l'échafaud ; des accidents moins graves que la reddition de deux places telles que Salces et Tarragone avaient coûté la vie à plus d'un officier ; Espenan passait pour n'être pas heureux à la guerre. Après lui venait le marquis de La Ferté, homme de qualité, très vaillant, criblé de blessures, cachant sous une humeur joyeuse un caractère assez jaloux et un esprit étroit; c'était un officier de cavalerie appelé à exercer après Gassion le commandement le plus important de cette arme; plus tard, il fut créé duc et pair et reçut le bâton ([1]). Les autres maréchaux-

([1]) Henri de Saint-Nectaire (on écrit aussi *Senneterre*), marquis, puis duc de La Ferté. Il était gros et en plaisantait volontiers. Premier capitaine au régiment du comte de Soissons, lorsqu'il reçut, devant Privas, en 1629, un coup de mousquet au visage; depuis lors, il porta un emplâtre noir sur sa face réjouie. Capitaine de chevau-légers à Casal et à la bataille d'Avein; mestre-de-camp de cavalerie en 1638; nommé maréchal-de-camp sur la brèche de Hesdin en 1639. Blessé d'un coup de fauconneau devant Chimay en 1640, il charge, la cuisse enveloppée et attachée sur l'arçon; il avait encore d'autres blessures. A Rocroy, il reçut deux coups d'épée et deux coups de pistolet; en 1650, un coup de mousquet à la gorge, dont il faillit mourir. Lieutenant-général en 1646, maréchal de France en 1651, duc et pair en 1665, il mourut en 1681.

de-camp désignés ne parurent pas sur le terrain pendant la première partie de la campagne. Les fonctions de maréchal-de-bataille étaient dévolues à Laurent de La Baume-Leblanc, sieur de La Vallière ([1]), lieutenant au gouvernement d'Amboise, peu assidu, plus instruit en théorie qu'en pratique. Parmi les sergents-de-bataille qui l'assistaient, remarquons Bellenave, officier d'un vrai mérite, qui se fera tuer deux ans plus tard ([2]).

Les aides-de-camp et volontaires, nommés ou autorisés par le Roi, rejoignent successivement Amiens. Bientôt, le duc

([1]) C'est le père de la duchesse de La Vallière. Il était né le 25 juin 1611 et s'était bien conduit à Bray, Avein et Sedan. Son frère cadet, François, auteur des *Pratiques et Maximes de guerre*, fut tué devant Lérida, en 1647. Il eut encore deux autres frères tués au service.

([2]) A Nördlingen, en 1645. — Bellenave (Claude Le Loup de Beauvoir, marquis de), mestre-de-camp en 1634, sergent de bataille en 1638, maréchal-de-camp le 17 octobre 1644.

d'Anguien est entouré d'un brillant essaim de jeunes gens dont son coup d'œil précoce a distingué le mérite, ou que des liens de famille, des relations de société ont désignés à son choix. On les appelle déjà « les petits-maîtres »; ils seront les appuis de sa grandeur et les compagnons de ses diverses fortunes; nous en avons rencontré quelques-uns et leurs noms reparaîtront à mainte page de cette histoire. Voici le chevalier de Chabot [1] et le fils de madame de Sablé, Bois-Dauphin [2]; tous deux se-

[1] Chabot (Guy-Aldonce, chevalier de), frère puîné de Henri de Chabot, qui devint duc de Rohan en 1645. Maréchal-de-camp depuis 1641, le chevalier de Chabot mourut de ses blessures devant Dunkerque en 1646.

[2] Bois-Dauphin (Guy de Montmorency-Laval-Bois-Dauphin, marquis de Laval), « un des plus beaux gentilshommes de France et des mieux faits ». (Tallemant.) Volontaire en 1639, capitaine dans « La Marine », aide-de-camp le 31 mars 1643, sergent-de-bataille, puis maréchal-de-camp en 1646, et, comme le précédent, tué, la même année, devant Dunkerque.

ront moissonnés par la guerre à la fleur de leurs ans; voici un cadet de Lorraine, le duc d'Elbeuf ([1]), Tavannes, un ami de Dijon, le marquis de Fors, dont la sœur possède le cœur du jeune prince, La Moussaye, qui s'était déjà signalé à la guerre et qui sera l'historien de Rocroy, Toulongeon, Rochefort, futur maréchal de France ([2]); d'autres moins connus, Baradat, frère d'un ancien favori de Louis XIII, de La Fitte, Barrière, du Fay ([3]). Il y

([1]) Duc d'Elbeuf (Charles de Lorraine), né en 1620, maréchal-de-camp en 1646, lieutenant-général en 1648, mort en 1692.

([2]) Rochefort (Henri-Louis d'Aloigny, marquis de), maréchal de France en 1675, mort en 1676. Il était fils de ce Rochefort qui avait si fidèlement servi le prince Henri II et il épousa la fille du brillant marquis de Laval, nommé ci-dessus.

([3]) Baradat (Pierre, chevalier de), chanoine de Paris en 1627, capitaine au régiment de cavalerie de la Reine en 1643, devint maréchal-de-camp, quitta le service en 1658 et mourut en 1682. — De La Fitte (J.-P.-H. de La Fitte de Pelleport), volontaire depuis 1639, cornette à Nördlingen, capitaine de chevau-

a là une pépinière de généraux pour l'avenir, et, dès aujourd'hui, un groupe d'officiers intelligents, lestes, hardis, habiles au maniement du cheval et de l'épée, qu'il fera bon avoir près de soi en un jour de bataille.

Cependant, grâce à l'application et à la fermeté du chef, l'ordre se rétablissait; dès les premiers jours, l'action du commandement se fit sentir; les quartiers, trop étendus par L'Hôpital, furent resserrés. « Nous

légers à Lens, enseigne et lieutenant aux gardes-du-corps du Roi, maréchal-de-camp en 1688. — Barrière (H. de Taillefer, sieur de), aide-de-camp en 1643, maréchal-de-camp en 1649, quitte le service en 1651 et meurt en 1690. Mêlé à l'intrigue de Tancrède de Rohan, il suivit Mme de Longueville à Stenay, et fut agent de M. le Prince auprès de Cromwell au temps de l'Ormée et de la guerre de Guyenne. — Si l'on ne trouve pas ici les noms de quelques-uns des plus connus d'entre les « petits-maîtres », tels que Nemours, Châtillon, Boutteville, etc., c'est que nous avons vérifié leur absence à la journée de Rocroy, les uns étant trop jeunes, les autres en congé, employés ailleurs ou absents pour divers motifs.

avons logé toutes les troupes dans les places fermées, soit pour empescher qu'elles ne se desbandassent, soit aussy pour empescher la ruine du pays; elles sont pourtant dispersées en sorte que, si les ennemis se mettent ensemble, elles seront en trois jours prestes pour marcher à eus » [1]. Les premières nouvelles étaient contradictoires. Le 19 avril, d'Arras, le maréchal de Guiche, qui paraissait porter gaiement son malheur de l'année précédente [2] et qui avait montré du dévouement en acceptant la mission de conserver cette place, écrivait à M. le Duc que l'ennemi tenait ses troupes préparées, faisait des magasins dans toutes les villes, enrôlait des paysans et leur payait régulièrement douze sous par

(1) M. le Duc à M. le Prince, 21 avril. (*Papiers de Condé*). Cette première mesure ne s'appliquait pas au corps de l'Oise, trop éloigné et qui, d'ailleurs, n'existait encore que sur le papier.

(2) La bataille d'Honnecourt.

jour: « Quant au reste, ajoutait-il, à moins d'estre du conseil de don Francisco Melo, il est difficile d'y rien pénétrer; cependant je fais travailler à cette place avec tout le soing et la diligence possible ». Dans sa lettre du lendemain, le maréchal était plus précis; il ne doutait pas que les ennemis n'eussent « un desseing considérable », et tous les indices, tous les renseignements prouvaient que ce dessein était la reprise d'Arras. En pareilles circonstances, chacun se croit toujours au point menacé. Selon Quincé[1], gouverneur de Guise, homme d'expérience et de bon jugement, l'ennemi avait levé toutes ses garnisons le 20 avril et donné un rendez-vous général entre Valenciennes et Douai; les uns disent qu'il va marcher sur Arras, d'autres sur Landrecies; les troupes du Luxembourg, commandées par

[1] Joachim de Quincé, mestre-de-camp de dragons, mourut ambassadeur à Madrid en 1659.

Beck, n'ont pas encore passé la Meuse.

Le même jour, le gouverneur de Bapaume assurait que l'armée espagnole ne pouvait pas être sur pied avant les premiers jours de mai : c'était aussi le sentiment du duc d'Anguien, qui, se rendant bien compte de la situation, pesant avec calme la valeur de ces renseignements divers, continuait de prendre ses mesures activement, avec suite, sans précipitation et sans flottement. Il estimait que Melo pouvait mettre en campagne sur cette frontière quinze ou seize mille hommes de pied et six ou sept mille chevaux. Séparé du corps de l'Oise, M. le Duc était loin d'avoir autant de monde sous la main. Pour atténuer l'écart entre l'effectif disponible des deux armées, il fixa la force des garnisons à laisser dans chacune des places qui ne serait pas immédiatement menacée et fit passer l'ordre de jeter autant d'infanterie que possible dans Guise et La Capelle, parant ainsi aux premiers accidents qui surviendraient de ce côté et rapprochant ses troupes du point où il pourrait les employer sans sortir de la limite tracée par ses pouvoirs. Il développe et précise les premières instructions qu'il a données; sa pensée est claire et l'expression est nette : « Les ennemis ne sont pas encore hors de leurs quartiers; tous nos advis sont qu'ils ne seront ensemble qu'à la fin du mois. Dès qu'ils commenceront à marcher, nous irons nous saisir du poste d'Ancre [1], sur la rivière qui prend sa source à Miraumont, au cas qu'ils aillent vers Arras; et, s'ils marchent sur Landrecies, nous irons du costé de Crèvecœur [2], pour voir s'il y a lieu de les combattre ou de leur faire lever

[1] Ancre, aujourd'hui Albert.

[2] Crèvecœur, sur l'Escaut, entre le Catelet et Cambrai.

le siège ». Le duc d'Anguien ne se trompait guère dans ses conjectures.

Le capitaine-général, don Francisco Melo, avait disposé ses troupes en quatre groupes :

En Artois, le duc d'Alburquerque [1], avec les six *tercios viejos* d'Espagnols naturels, Alburquerque, Avila, Velandia, Villalva, Garcies, Castelvi ; trois régiments italiens, Visconti, Strozzi, Delli-Ponti, et trois wallons, Ligne, Ribaucourt, Grange, soit douze gros régiments d'infanterie, l'élite de l'armée, cantonnés de Béthune à Douai, quartier-général à Festubert [2];

En Hainaut, quatre-vingt-deux compagnies de cavalerie et quatre régiments d'infanterie logés entre Mons et Valen-

(1) Francisco Fernandez de la Cueva, huitième duc d'Alburquerque, né en 1619, mort en 1676.

(2) Festubert, à 10 kilomètres de Béthune et 36 d'Arras.

ciennes, sous les ordres du comte de Bucquoy [1], quartier-général à Quiévrain;

Entre Meuse et Sambre, l'armée d'Alsace, commandée par le comte d'Isembourg [2], forte de cinq régiments d'infanterie, six de cavalerie, un de Croates et quelques compagnies libres;

En Luxembourg, au delà de la Meuse, Beck, avec un corps séparé de cinq à six mille hommes.

Toutes ces troupes étaient prêtes à marcher le 5 avril; le comte de Fontaine, « mestre-de-camp général de l'armée de France »

(1) Bucquoy (Albert de Longueval, comte de), mort en 1668, fils de Charles-Albert de Longueval, général en chef des armées impériales, grand seigneur de haute mine et d'intelligence moyenne.

(2) Isembourg (Ernest, comte d'), gouverneur de Namur, chevalier de la Toison d'or, mort en 1664 sans enfants. C'était un homme de taille élevée, de grand courage et un officier de cavalerie de premier ordre. Plusieurs branches de la maison comtale, évangélique, d'Isembourg, jadis souveraine, aujourd'hui médiatisée, existent encore.

(*sic*), avait son quartier-général à Lille. Le 15 avril, Melo quitta Bruxelles pour rejoindre son lieutenant. Avant son départ, il modifia et compléta l'organisation du commandement : Cantelmi (1) eut l'armée de Brabant, opposée aux « rebelles » hollandais, armée d'observation, dirions-nous aujourd'hui ; Melo savait qu'il n'avait pas d'entreprise à redouter de ce côté (2). Don

(1) Cantelmi (Andrea), fils de Fabrice, duc de Popoli, d'une des plus illustres familles du royaume de Naples, profil allongé, décharné, dur. Après avoir été mestre-de-camp-général en Flandre, il commanda en Catalogne, où il fut défait par le comte d'Harcourt et pris dans Balaguier. Il en mourut de douleur, assure-t-on (1645).

(2) Un autre corps d'observation, formé plus tard à la lisière du Boulonnois, fut mis sous les ordres d'un officier-général fort apprécié dans l'armée espagnole et dont nous aurons à parler, Fuensaldaña (don Luis Perez de Vivero, comte de). Il était mestre-de-camp d'infanterie dès 1636 ; en 1648, il prit le commandement de l'armée des Pays-Bas, avec les pouvoirs de premier ministre sous l'archiduc Léopold et conserva ces fonctions jusqu'en 1656. A l'arrivée de don Juan d'Autriche, il fut envoyé dans l'État de

Alvaro, frère du capitaine-général, fut nommé général d'artillerie de l'armée de France. Le prince de Ligne, qui, l'année précédente, avait conduit son régiment avec une grande valeur ([1]), fut désigné pour commander les hommes d'armes de Flandre, sorte de milice qui n'était convoquée que pour la fin de mai. Enfin la patente de « général de la cavalerie » fut retirée à Bucquoy et donnée au duc d'Alburquerque. Comment un politique aussi consommé que Melo a-t-il pris de semblables mesures au moment d'entrer en campagne? Voulait-il mettre dans l'ombre deux hommes dont il redoutait la popula-

Milan. Définitivement nommé gouverneur des Pays-Bas, en 1659, il mourut à Cambrai en prenant possession (1661).

([1]) Claude Lamoral, prince de Ligne, né en 1618, mort en 1679, fils du prince Florent, marié à Marie-Claire de Nassau, veuve de son frère Henri-Albert. Il fut successivement vice-roi de Sicile (1670) et gouverneur du Milanais (1676).

rité, l'influence? Croyait-il nécessaire de donner à ses escadrons un chef plus résolu et plus alerte? Quel que pût être le motif de cette double disgrâce, elle fut vivement ressentie par ceux qu'elle atteignait, par Bucquoy surtout, qui se refusait à trouver une compensation dans la vague promesse d'une mission importante, non définie; elle blessa tous les Belges, et peut-être explique-t-elle une certaine tiédeur que nous remarquerons plus tard chez les troupes de cette nation.

Après une tournée d'inspection dans les places maritimes, le capitaine-général fit son entrée à Lille, le 25 avril. Il aurait voulu se mettre en campagne tout de suite, mais la saison n'était pas favorable aux opérations militaires; très froide d'abord, elle devenait pluvieuse; l'herbe n'avait pas poussé encore et les chemins restaient détrempés. Toutefois l'armée espagnole exécuta des mouvements préparatoires; les troupes de Hainaut se rapprochèrent de Valenciennes, celles d'Artois se réunirent près de Carvin ([1]), avec leurs réserves sur la route de Lille; Fontaine se rendit à Carvin, où il ne tarda pas à être rejoint par le capitaine-général. Ainsi établi dans le triangle Lille, Carvin, Valenciennes, Melo menaçait Arras, et, s'il attirait de ce côté l'attention de l'armée de Picardie, il n'avait qu'à changer la direction de ses échelons pour marcher vers le sud et se rapprocher de Landrecies.

Landrecies et Arras sont en flèche dans le domaine du roi catholique, formant les deux pointes des conquêtes françaises dans l'Artois et le Hainaut. Arras est une très forte place, une capitale. Reprendre Arras serait pour les Espagnols

([1]) A cinq lieues au sud de Lille.

un grand succès matériel et moral; rentrer dans Landrecies serait plus stratégique. Le duc de Savoie en 1557, le cardinal-infant en 1636, avaient pénétré dans la vallée de l'Oise en passant la Somme entre Saint-Quentin et Amiens. C'est ce que Melo aurait sans doute tenté en 1642, si les circonstances lui avaient permis de pousser à fond son succès d'Honnecourt. Aujourd'hui, il peut tourner ce premier obstacle de la Somme, soit en s'emparant de Landrecies, soit en attaquant La Capelle ou Guise, qui sont plus en arrière, mais également à sa portée. Landrecies est assez bien fortifiée, La Capelle plus faible; le château de Guise vaut mieux.

Nous avons fixé les positions occupées par l'armée du roi catholique, signalé les objectifs qui s'offraient au commandant de cette armée. Avant de suivre ce dernier

dans sa marche offensive, rappelons quelle était au même moment la distribution de l'armée française. — Le duc d'Anguien est à Amiens; sa gauche se prolonge vers Abbeville (45 kilomètres), avec des détachements en Boulonnois; il a encore du monde à droite jusqu'à Péronne, en arrière jusqu'à Montdidier : soit douze à treize mille hommes, infanterie et cavalerie, cantonnés dans la vallée de la Somme. Devant son front, à 30 kilomètres, Gassion occupe Doullens, sur l'Authie, avec deux mille chevaux, couvert par les trois places que nous tenons en Artois (Hesdin, Arras et Bapaume) ou à portée de les secourir; il est à environ 35 kilomètres de chacune. Très en arrière, au sud-est, un corps détaché, mis conditionnellement aux ordres du prince, se forme dans la vallée de l'Oise; le quartier-général est à Chauny, à plus de 80 kilomètres d'Amiens; une partie de cette infanterie remonte la vallée pour se jeter dans Guise, à 45 kilomètres de Chauny, et, plus en avant, dans Landrecies et La Capelle, chacune de ces places étant à 25 kilomètres de Guise.

Au commencement de mai, le temps devint meilleur. Le plan des Espagnols ne se dessinait pas encore, mais ils remuaient, c'était certain. Quand ils quittèrent leurs cantonnements de Béthune pour affluer à Carvin, la sérénité du maréchal de Guiche se troubla un moment; il poussa un cri d'alarme et demanda du secours. Ailleurs, on se méprenait également et le Boulonnois était signalé comme le véritable objectif de l'ennemi. Sans s'émouvoir, Anguien acheva ses préparatifs. Dès qu'il eut donné tous ses ordres, réuni ses moyens d'action, il leva ses quartiers et occupa le poste d'Ancre, aujourd'hui Albert, qu'il avait déjà reconnu et choisi (9 mai). Il n'avait pas l'intention d'attendre que l'ennemi vînt complaisamment l'y chercher ou le laissât s'y morfondre; c'était un premier pas qui le rapprochait de « tous les costés où les ennemis pourront tourner la teste ». Le Roi l'a trouvé bon (1). Gassion amena ses chevau-légers au rendez-vous. Le maréchal de Guiche laissa sortir d'Arras le contingent demandé à cette grosse garnison; les portes de la place n'étaient

(1) M. le Duc ayant donné avis qu'il allait se mettre en campagne du côté de Doullens pour être prêt à se porter du côté où les ennemis tourneraient la tête, le Roi lui fit connaître par le secrétaire d'État, qu'il approuvait cette résolution; la minute est du 8 mai. — Chacun des deux généraux en chef poursuit un dessein plus vaste que la conquête d'une ville ou d'un lambeau de territoire : l'Espagnol peut concentrer toutes ses forces, sans se laisser deviner, là où l'ennemi est le moins préparé; il tient à choisir son terrain, à frapper avec une grande supériorité numérique; le Français cherche à rallier tout ce qu'il peut attirer à lui pour joindre l'Espagnol avant que celui-ci ait remporté un premier succès et réuni toutes ses troupes. Le dessein du premier est ingénieux; celui du second est simple et ferme.

pas refermées qu'un remords le saisit : « Prenez garde à la contremarche, écrit-il; rien de plus aisé qu'un retour de l'Escaut sur l'Artois; il faudrait voir à quoi aboutiront ces finesses ». Mais le duc d'Anguien a pris son parti; le détachement d'Arras, arrivant par Bapaume, le trouve en route. Il se dirige sur la vallée de l'Oise, marchant à la tête de ses troupes, dans un pays ondulé, facile à traverser, sur un sol qui sèche vite et qui commence à verdir; aussi va-t-il rapidement. Son convoi suit le long de la Somme une route parallèle, escorté par le régiment des Gardes écossaises, que l'étiquette militaire tient éloigné de la colonne principale, son rang n'étant pas encore réglé. Le 12 mai, l'armée s'arrête aux environs de Péronne et le quartier-général est à Moislains [1]. Les

[1] Huit kilomètres au nord de Péronne.

troupes « sont en bon estat »; elles ont meilleure apparence depuis qu'elles « sont ensemble » et qu'elles cheminent; elles trouvent le pain préparé dans les villes près desquelles elles passent sans y entrer; le fourrage est abondant, « la cavalerie n'a jamais esté si belle » (1). Chaque heure de route diminue la distance qui sépare l'aile droite du corps de bataille; M. le Duc renouvelle à Espenan l'ordre de remonter l'Oise avec tout son monde et de jeter des hommes dans Guise et La Capelle, qui peuvent bien être aussi menacées que Landrecies. Gassion éclaire la marche; ses partis vont à la guerre au loin, « deçà et delà l'Escaut ».

Le 14 mai, l'armée a dépassé Saint-Quentin. Le duc d'Anguien est logé à l'abbaye de Fervaques, près des sources

(1) M. le Duc à Mazarin, 12 mai. *Archives Nationales.*

de la Somme. Il y reçoit de graves nouvelles : un courrier de Paris lui apporte l'invitation, sinon un ordre formel, de revenir à la cour; Louis XIII est au plus mal et ne règne plus que de nom; le prince de Condé veut avoir son fils auprès de lui au moment où va s'établir la régence; la dépêche contient un « pouvoir » donné à L'Hôpital pour prendre le commandement de l'armée. D'autre part, les éclaireurs reviennent et voici ce qu'ils rapportent : Toutes les troupes de l'Artois et du Hainaut se sont réunies entre Valenciennes et Le Quesnoy. Don Francisco Melo les a passées en revue et les a mises en route. Hier 13, leurs Croates battaient le pays au sud d'Avesnes, mettant le feu partout; de loin on voyait la fumée des villages incendiés, aux environs de La Capelle et, plus à l'est, jusque vers Hirson. L'ennemi est en France.

« Les ennemis entrent en France du costé de Vervins, répond le duc d'Anguien à son père. Ils sont à une journée de moy et demain nous serons en présence. Jugés si mon honneur ne seroit pas engagé au dernier point de laisser l'armée dans cette conjoncture. Considérés l'estat auquel je suis pour servir le Roy, estant à la teste d'une armée de laquelle je puis respondre tant que j'y seray, et celuy auquel j'engageray les choses si je m'en vais ». Le lieutenant-général ne paraissait pas se soucier de prendre la place du général en chef. « Si je pars et que le Roy meure, ajoute M. le Duc, le mareschal de L'Hôpital craint fort que les troupes ne se desbandent. Dans quelques jours, si quelqu'intérest particulier vous oblige à me rappeler, si vous jugés que je sois plus en estat de servir l'Estat et vous, tout seul à Paris avec un escuier, qu'icy à la teste d'une armée de vingt-cinq mil hommes bien intentionnés, j'abandonneray tout pour vous rendre le service que vous souhaiterés de moy ». Le soir même, le courrier repartit avec cette réponse et l'ordre de route fut donné pour le lendemain; direction, Guise et Vervins.

Il ne s'agit plus de disputer aux Espagnols une place ou un lambeau de territoire; c'est l'invasion de la France qui commence. Où sera porté le premier coup? Heudicourt (1) est suffisamment pourvu à Landrecies, qui semble moins menacée; dans Guise, Quincé a son régiment, celui de Rambures, cinq compagnies royales et deux de Suisses; à La Capelle, Roqué-

(1) Michel Sublet, parent et protégé du ministre de Noyers. En 1647, il rendit Landrecies aux Espagnols après une très courte et misérable défense. On expliquait le mauvais état de sa place par les profits qu'il aurait réalisés en négligeant de l'entretenir; il passait pour y avoir gagné 400,000 écus. Il justifia les soupçons en se réfugiant à Liège, obtint plus tard son pardon et mourut en 1665.

pine ([1]) a son régiment, celui de Biscaras, dix compagnies de Piémont et des Suisses. Espenan a quitté Chauny, il est en marche avec tout ce qu'a pu fournir le corps du marquis de Gesvres; on l'attend à Origny-Sainte-Benoîte, à 14 kilomètres de Guise.

Melo eut une conception de capitaine, forma un dessein hardi dont le succès promettait des résultats considérables. Il admettait comme prouvées les données suivantes : que l'armée de Picardie, peu nombreuse, comptant beaucoup de recrues, pouvait bien tenter le secours d'une place attaquée dans son voisinage, mais qu'elle était incapable d'exécuter une opération d'assez longue haleine, une marche de quelque durée, une action vigoureuse; que les noms sonores d'armées de Champagne

([1]) Roquépine (Louis-Claude du Bouzet, marquis de), capitaine en 1638, maréchal-de-camp en 1651.

et de Bourgogne déguisaient mal la faiblesse des rassemblements ébauchés à Chauny et à Langres ; et il espérait trouver en face de lui des adversaires semblables à ceux qu'il avait déjà rencontrés : un étourdi comme Guiche, un brutal comme La Meilleraie, un chef lourd, indécis comme Brézé, Châtillon, ou médiocrement clairvoyant comme Harcourt. Il a déjà tourné les places de la Somme ; il tournera celles de l'Oise, passera entre les sources de cette rivière et la vallée de la Meuse et viendra à Rocroy frapper sur l'angle mort ; séparant du premier coup les trois armées françaises, déjà si éloignées l'une de l'autre, et mettant entre elles une masse de troupes supérieure en nombre et en qualité à ce que chacune peut lui opposer. Les premières démonstrations doivent avoir retenu le duc d'Anguien assez loin sur la droite ; s'il se rapproche, il ne sera pas soutenu et devra reculer ou succomber. L'armée de Picardie mise hors de cause, le reste se dissipera et la Franche-Comté sera dégagée du péril qui la menace ; le capitaine-général pourra alors marcher sur Rethel et sur Reims, ravager la Champagne ou peut-être descendre la vallée de la Marne, qui est la vraie route de Paris [1].

Tandis que don Francisco voyait défiler ses belles troupes sous les murs de Valenciennes, deux courriers partaient de son quartier-général. L'un, dirigé sur Palizeul en Luxembourg, portait à Beck l'ordre de s'approcher de la Meuse et de se rendre

[1] Ainsi la répartition défectueuse des armées françaises, la disposition qui avait retenu sur l'Oise, et peut-être dans l'inaction, les forces dont l'emploi pouvait être décisif ailleurs, tournait au profit de ses auteurs et contribuait à entraîner Melo dans une entreprise qui lui sera fatale. On ne saurait conclure de l'issue de cette campagne que de semblables erreurs peuvent être répétées sans péril; pour y remédier, il faut le caractère, le mérite, l'autorité et le bonheur du duc d'Anguien.

maitre du cours de cette rivière, au-dessous de Mézières, en se saisissant de Château-Regnault (1). L'autre allait à Namur, chargé d'instructions que le comte d'Isembourg exécuta immédiatement.

Le 10 mai, l'armée d'Alsace quitta ses cantonnements et se réunit à La Buissière, entre Maubeuge et Thuin, comme pour y passer la Sambre et rejoindre le capitaine-général sous Valenciennes. La journée du 11 fut consacrée aux préparatifs du passage. Le 12, Isembourg fit subitement une contremarche, s'éloigna de la Sambre, et, prenant les devants avec sa cavalerie, passa sous Mariembourg sans s'arrêter;

(1) Château-Regnault, sur la rive droite de la Meuse, à 15 kilomètres nord de Mézières, chef-lieu d'une petite principauté que se disputaient de puissants voisins, pourvu d'une assez bonne forteresse, qui était alors occupée par les Français. Melo suivait une ligne d'invasion nouvelle et voulait se servir de la Meuse pour ses vivres.

cheminant toute la nuit, il arriva devant Rocroy le 13 mai à la pointe du jour. Il avait franchi dix-huit lieues en vingt-quatre heures, si secrètement, qu'il put enlever des ouvriers sortant à l'instant même de la place pour travailler dans les jardins. Il sut par eux que la garnison ne dépassait pas quatre cents hommes; toutefois la place lui parut plus forte qu'on ne le supposait, protégée par des marais qui en rendent l'accès difficile, par des bois propices aux tentatives de secours. Rocroy fut immédiatement investi; Isembourg en garda soigneusement les portes et les avenues.

Ce même jour, 13, Melo couchait à Dompierre, près d'Avesnes, et, le lendemain, tandis que sa cavalerie se montrait aux environs de La Capelle, faisant beaucoup de bruit et de fumée, comme nous l'avons vu par les rapports parvenus au duc d'Anguien, le gros de son armée marchait par

Chimay sur Rocroy. Lui-même était devant cette place le 15 mai avec toutes ses forces. Il était difficile d'apporter plus de précision dans le calcul, plus de secret, d'ensemble et de rapidité dans l'exécution; jusqu'ici, le succès était complet.

A l'extrémité sud-est de cette épaisse barrière de forêts qui a nom la Thiérache, au point où elle se soude au massif des Ardennes, là où le sol change de nature et la végétation d'aspect, où les bois rabougris succèdent aux chênes gigantesques et à la variété des arbres de haute futaie, dans une de ces clairières, rares alors, et que les progrès de l'agriculture multiplient, agrandissent chaque jour, s'élève le clocher de Rocroy. Il marque le centre d'un plateau d'environ six kilomètres de rayon, d'une altitude moyenne de 380 mètres, d'où les eaux s'écoulent lentement à travers un terrain argileux, çà et là marécageux, partout stérile; elles se divisent en trois ruisseaux dont l'un, le Gland, va grossir l'Oise non loin de sa source, tandis que la Sormonne coule vers le sud pour tomber dans la Meuse près de Mézières, et que l'Eau-Noire rejoint cette rivière par le nord. L'aspect est froid et triste, même de nos jours, où l'élevage du bétail transforme toute cette région; la mousse, les genêts y dominent encore. On est là au milieu des *rièzes;* c'est le nom local de ces landes humides. De toutes parts, le plateau est bordé par une ceinture de taillis bas et touffus, végétant péniblement sur un sol rocailleux, percés de quelques chemins qui n'étaient guère alors que des sentiers; les voies d'accès étaient plus praticables du côté du sud. François Ier avait compris que le pauvre village perdu au milieu de ce désert, sur la dernière limite du domaine royal, pouvait devenir une position militaire; de quelques cabanes de bergers et de fraudeurs, il fit une ville de guerre et les enveloppa d'une enceinte dont le périmètre n'a pas été modifié. En 1643, Rocroy était (comme aujourd'hui) une place de cinq bastions, avec fossé assez profond, chemin couvert et demi-lunes devant les courtines. Il n'y avait de maçonnerie qu'à l'escarpe, mais abondance de fraises et de palissades dans les dehors. On avait eu quelques inquiétudes pour Rocroy l'année précédente, et la place avait été à peu près mise en état de défense [1]; depuis, elle avait été de nouveau négligée, et les jardiniers enlevés le 13 mai au matin n'avaient pas trompé le comte d'Isembourg en lui disant que la garnison était tombée de mille

[1] « Les ennemis sont toujours auprès de Charlemont. J'ai mis à tout hasard mille bons hommes dans Rocroy ». (Gramont à M. le Prince, Mézières, 18 juillet 1642, après la bataille de Honnecourt, perdue en mai.)

à quatre cents hommes. Rappelons que Rocroy appartenait au gouvernement de Champagne et n'était pas, selon l'expression de nos règlements militaires, dans le rayon d'action de l'armée de Picardie.

A son arrivée devant la place, don Francisco Melo, estimant que le duc d'Anguien devait être encore assez loin, que l'armée qui se réunissait à Langres pour entrer dans la Comté n'était pas à redouter, que le corps du marquis de Gesvres en Champagne n'existait que sur le papier, jugea qu'une circonvallation serait inutile; il se borna à faire tracer par Fontaine le front de bandière, c'est-à-dire la ligne sur laquelle l'armée se mettrait en bataille si l'ennemi se présentait en force, et résolut de mener vivement le siège. Il ne pensait pas que la place pût tenir plus de trois à quatre jours et fit immédiatement ouvrir la tranchée. Espagnols, Italiens, Wallons, Allemands, chaque nation eut son attaque. Le 15, au coucher du soleil, le comte de Ritberg donna le premier coup de pioche, et, le 16 au matin, le chemin couvert était couronné. Le même jour, aussitôt les gardes relevées, une batterie de trois pièces ouvrit son feu, et quatre demi-lunes furent enlevées d'assaut.

Pendant la nuit du 16 au 17, on entendit des coups de pistolet aux avant-postes ; un officier et quelques cavaliers français se jetèrent dans une grand'garde espagnole. L'officier fut tué ; les cavaliers se sauvèrent. Le léger émoi causé par cet incident n'excita pas la vigilance de tous : au point du jour, les soldats qui gardaient la demi-lune enlevée la veille au soir par les Italiens furent surpris et passés au fil de l'épée par cent cinquante fusiliers français, qui, depuis plusieurs heures, étaient blottis près d'eux sur le chemin couvert. La garnison de Rocroy rentra dans la demi-lune.

Ces fusiliers jetés dans la place ne pouvaient appartenir qu'à la cavalerie du duc d'Anguien; on assurait dans l'armée espagnole que l'officier dont on avait ramassé le corps était un aide-de-camp de Gassion; l'armée française était donc moins loin qu'on ne le croyait. Le capitaine-général n'en tint compte; oubliant qu'à la guerre on ne se garde bien qu'en cherchant à garder l'ennemi, il n'envoya aucune patrouille vers le sud par delà les bois et prescrivit seulement de mettre des Croates en vedette aux débouchés intérieurs des sentiers. Tout se bornait, semblait-il, à un retard de vingt-quatre heures, qui ne sauverait pas la place, et dont l'état-major espagnol ne se préoccupait pas autrement. Le chevalier Visconti fit reprendre la demi-lune par le régiment qui l'avait perdue. La communication entre les attaques fut rétablie, la descente du fossé préparée. Dans la soirée du 17, Isembourg arrivait au pied de la muraille du corps de place et attachait le mineur. On travaillait activement aux batteries de brèche qui devaient ouvrir leur feu aux quatre attaques le 18 au soir.

Le 18, vers midi, au moment où le dîner, prélude de la sieste, va s'apprêter au quartier-général (*quartel de la corte*), établi au nord de la place assiégée, un Croate y arrive au galop; il annonce que des éclaireurs français se montrent à la lisière des bois qui bordent le plateau au sud-ouest. Ce n'est peut-être qu'une reconnaissance, mais c'est un indice certain, l'ennemi approche. Don Francisco convoque un conseil de guerre et envoie un courrier à Beck: le commandant de l'armée du Luxembourg doit avoir pris Château-Regnault, qui n'est qu'à huit lieues de Rocroy; peut-être a-t-il déjà dépassé la Meuse; qu'il presse la marche de ses troupes et que, de sa personne, il vienne au plus vite; il pourra être au camp dans la nuit. Melo a la conscience de ce qui lui manque, l'instinct et la connaissance de la tactique, l'habitude du terrain. Il juge aussi que Fontaine est insuffisant pour le compléter; c'est un excellent soldat, un de ces hommes qui se cramponnent à une position et qu'on ne déloge pas sans les tuer; il marchera sans vaciller sur le point de direction qui lui sera indiqué; mais il veut toujours avoir toutes ses troupes dans la main; il est infirme et ne prendra pas l'initiative d'une attaque. Quant à Beck, il a l'ardeur, la passion, c'est lui qui a conduit le combat à Honnecourt; Melo s'en souvient et ne veut rien entreprendre sans avoir auprès de lui ce hardi lieutenant.

Cependant les messagers accourant des

grand'gardes se succèdent au quartier général ; les cavaliers français, disent-ils, deviennent plus nombreux ; on voit des hommes à pied poindre hors des taillis. Courriers sur courriers sont expédiés à Beck. Mais bientôt il n'est plus temps d'attendre ce général, ni même de réunir en conseil les officiers qui sont sur les lieux. Déjà le duc d'Alburquerque a dû faire sonner le boute-selle dans les campements de la cavalerie ; les grand'gardes reculent lentement, refoulées par un ennemi qui grossit toujours. Il faut faire prendre les armes à tout le monde avant le commencement de la sieste, qui était alors pour l'armée espagnole ce que les repas à heures fixes ont été pour d'autres dans des temps plus modernes. Ordre est donné de suspendre les travaux, de désarmer les batteries, de diriger les pièces et les troupes sur le front de bandière ; on laissera des postes d'infanterie pour garder les tranchées, des détachements de cavalerie pour surveiller les avenues et repousser les partis qui essaieraient de se glisser jusqu'aux portes de la place. Le capitaine-général, accompagné de ses principaux officiers, le comte de Fontaine, mestre-de-camp-général, le comte d'Isembourg, chef de l'armée d'Alsace, le duc d'Alburquerque, commandant la cavalerie, et don Alvaro Melo, général d'artillerie, va observer les mouvements de l'ennemi et déterminer la ligne de bataille qu'il fera prendre à ses troupes.

·Le front de bandière reconnu et indiqué dès le début du siège comme lieu de rassemblement est au sud de Rocroy, à environ 1000 ou 1200 mètres du pied des glacis, orienté du nord-ouest au sud-est et faisant face à Maubert-Fontaine. Devant la droite (côté nord-ouest), le terrain s'abaisse doucement jusqu'à un petit étang aux bords marécageux, qui est un des réservoirs de l'Eau-Noire. Le centre et la gauche s'étendent sur la croupe qui sépare les affluents de l'Oise et ceux de la Meuse. De ce côté (sud-est), le niveau du sol se soutient et reste sans interruption le même sur une crête d'aspect semblable, qui se développe en face et à moins de 1000 mètres de l'assiette du front de bandière. Melo comptait porter son armée en avant sur ce deuxième contrefort, afin de maintenir l'ennemi plus loin de la place et surtout d'éviter toute apparence de couardise (1); attendre les Français en se couvrant d'un étang et d'un marais lui paraissait indigne d'un représentant du roi catholique. Mais don Francisco avait décidément affaire à des gens qui se pres-

(1) *De mostrar tener cobardia.* (Relation de Vincart).

saient : tandis qu'il délibère et que ses troupes se réunissent, il voit la position qu'il allait occuper et dont il ne pouvait découvrir le revers se couronner d'une ligne assez longue et très serrée d'escadrons intercalés avec des bataillons. Les têtes des chevaux et les hommes du premier rang se montrent bien alignés au sommet. Qu'y a-t-il derrière? Du point où il est placé, le capitaine-général ne peut s'en rendre compte. Ce qui est certain, c'est que l'ennemi, à qui l'entrée des bois n'a pas été disputée, qui a pu déboucher et, sans coup férir, prendre pied sur le plateau, occupe maintenant la position où les Espagnols voulaient l'attendre et qu'il n'en sera pas délogé sans combat. Ce combat, Melo ne veut pas l'engager encore ; il attendra Beck pour attaquer. Un nouveau retard de quelques heures ne sauvera pas Rocroy ; toutes les issues sont gardées et les Français ne peuvent pas y jeter un homme de plus ; c'est une place perdue pour eux. S'ils osaient prendre l'offensive, l'armée du roi catholique leur ferait payer cher cette audace. Les derniers ordres sont donnés, ils sont sommaires : le mestre-de-camp-général tracera la ligne de bataille en avant du front de bandière et disposera l'infanterie à sa guise ; le général de la cavalerie mettra ses escadrons en ordre ; le commandant de l'artillerie placera ses pièces au mieux. Il était environ deux heures de l'après-midi.

C'était un rideau de cavaliers et de mousquetaires que Melo venait d'observer sur le contrefort qui lui faisait face, et derrière ce rideau arrivait toute l'armée française de Picardie résolue à combattre. Retournons au point où nous l'avons laissée le 14 mai au soir, aux sources de la Somme, non loin de Saint-Quentin, et suivons ses mouvements, la pensée de son chef, comme nous venons de suivre la pensée et les mouvements de don Francisco Melo.

Le 15 mai, le duc d'Anguien, développant son plan de se rapprocher à la fois du détachement à rallier, des places à secourir, de l'ennemi à joindre, descend dans la vallée de l'Oise; puis il dépasse Guise et remonte le cours de la rivière, se dirigeant vers l'est. Gassion est en avant et sur la gauche, avec deux mille chevaux ; il a liberté de manœuvre, ordre de chercher l'ennemi, de pourvoir aux incidents. Le convoi et une partie de l'infanterie forment la colonne de droite. Le 16, l'armée de Picardie s'arrête aux environs de Vervins, un de ses centres d'approvisionnement. Landrecies, Guise, La Capelle, n'étant plus menacés, ont rendu les détachements qui avaient temporairement renforcé leurs garnisons; Espenan a rejoint avec une bonne partie de ses troupes; le quartier général est à Foigny [1], antique abbaye de Bernardins, sur le Thon, affluent de l'Oise.

Dans cette journée, le duc d'Anguien apprit en même temps que Louis XIII était mort [2] et que depuis la veille la tranchée était ouverte devant Rocroy. Écoutons-le; il dira mieux que nous quelle impression il reçut de cette double nouvelle et quelle résolution elle lui inspira. « Je ne saurois peindre, écrit-il au premier ministre, le desplaisir que toutte cette armée a de la mort du Roy. J'espère que les ennemis de cet Estat ne se prévaudront pas de ce malheur; mais je vous puis asseurer que cette armée ira droit, et contre ceus du dehors et contre ceus du dedans,

(1) Huit kilomètres nord-est de Vervins.
(2) Le 14 mai, à 2,45 p. m.

s'il y en a d'assez meschants pour l'estre. Je marche demain (17) à Rocroy que les ennemis assiègent despuis hier (15) et seray là apprès demain (18). Je vous asseure que nous n'azarderons rien mal à propos ; nous ferons tout ce que nous pourrons pour le secourir » [1]. Nulle hésitation, mais pas d'illusion ni de forfanterie ; fermement résolu, le jeune prince se possède et termine sa lettre en indiquant ce qu'on devra faire du côté de la Bourgogne et de Thionville « pour donner jalousie aux ennemis si nous sommes assez malheureux pour ne pas réussir ». Puis il expédie à Gassion un ordre net et concis dans lequel respire la fermeté de son âme, lui donnant rendez-vous pour le lendemain à Bossus-lès-Rumigny, où rejoindront également les derniers détachements en arrière. « De là,

[1] M. le Duc à Mazarin, Foigny, 16 mai. *Archives nationales.*

tous ensemble, nous marcherons aux ennemis [1] ».

Marcher aux ennemis ! sa pensée est tout entière dans ces trois mots, que répète chacune de ses lettres depuis son arrivée à Amiens.

Le 17 mai, les voitures et une partie de l'infanterie, quittant les environs de Vervins, prennent une route un peu longue, mais abritée contre toute tentative des partisans, masquée par la Haye d'Aubenton, un de ces massifs boisés aux pentes raides qui portent le nom de Haye dans le nord-est de la France. A Brunehamel, cette colonne rallie les derniers contingents tirés de la Champagne. Le gros des troupes, conduites par le général en chef et prêtes à combattre, suit la route extérieure et remonte la riante vallée du Thon. Vers

[1] M. le Duc à Gassion, 16 mai, de Foigny. *Papiers de Condé.*

midi, toute l'armée est concentrée dans un espace de six kilomètres, à Aubenton, Bossus et Rumigny ; il n'y a pas à compter sur un homme ni un cheval de plus. Le duc d'Anguien est à Rumigny, où il a réuni son lieutenant-général L'Hôpital, les deux maréchaux-de-camp Espenan et La Ferté, le maréchal-de-bataille [1], les doyens des mestres-de-camp, Sirot pour la cavalerie et Persan [2] pour l'infanterie, le commandant de l'artillerie La Barre. — Gassion vient d'arriver avec ses escadrons ; il

(1) Ou plutôt le sergent-de-bataille qui remplissait ses fonctions par intérim. Le titulaire, La Vallière, était parti pour Paris, le 12 mai, et rejoignit son poste dans la nuit du 18 au 19. (*Gazette*, nº 65.)

(2) Persan (François de Vaudetar, marquis de), fils de Henri, baron de Persan, et de Louise de L'Hôpital, sœur des maréchaux de Vitry et de L'Hôpital. Il avait servi sous le prince de Condé en Languedoc; son régiment, levé en 1640, s'était bien conduit à la Marfée et à Honnecourt. Maréchal-de-camp en 1647, il suivit, pendant les troubles, le parti de M. le Prince, rentra en France à la paix des Pyrénées, et quitta le service.

descend de cheval, entre au conseil et rend compte de ce que le lecteur a déjà en partie deviné. Depuis trois jours, il n'a pas quitté la selle, ni la piste des ennemis. D'abord il a évité de les serrer de trop près pour ne pas leur donner l'éveil. Quand il les a vus établis devant Rocroy, il s'est approché, les a trouvés non retranchés, sans défiance et se gardant à peine. Dans la dernière nuit (16 au 17), il a pu pousser jusqu'aux glacis et jeter sur le chemin couvert cent vingt fusiliers commandés par Saint-Martin, premier capitaine du régiment. En même temps, il a tâté les quartiers des ennemis, ramené quelques-uns de leurs postes, et le Gascon reparaît dans cette assertion un peu risquée : « Sans un petit marais j'aurais défait une bonne partie de leur infanterie » ([1]). L'alerte don-

([1]) M. le Duc à M. le Prince, Rumigny, 17 mai. *Papiers de Condé.*

née, il a fait rapidement reculer sa troupe, l'a mise à l'abri ; lui-même, caché dans les bouquets de bois, il a attendu le jour pour bien lire le terrain et compléter sa reconnaissance. Il estime la force des ennemis à moins de trente mille hommes, décrit le site, l'accès difficile du plateau, les défilés, les bois et les marais, les avantages que la configuration du sol assure à l'assiégeant pour arrêter une armée de secours, l'emplacement des camps espagnols, la forme, l'étendue et les abords des positions qu'on peut se disputer en cas de bataille livrée près de la place. Quant à la place elle-même, elle serait peut-être prise sans le secours qu'elle a reçu ; si elle n'est promptement délivrée, elle sera rendue ou enlevée d'assaut avant trente-six heures. Et Gassion termine son rapport sans autre conclusion.

Après quelques mots de félicitation

adressés au mestre-de-camp général de la cavalerie, le duc d'Anguien annonce à ses lieutenants la mort du Roi, qui n'est encore connue que par une vague rumeur. Il expose brièvement la gravité des circonstances, le péril de l'État : les forces disponibles sont réunies; celles des Espagnols peuvent augmenter; tout délai serait funeste; on ne peut, à l'aurore d'un règne, laisser l'ennemi pénétrer au cœur du royaume sans faire un effort pour l'arrêter.

Le maréchal de L'Hôpital est d'avis qu'il faut tenter le secours de Rocroy, mais en évitant un engagement général. Les environs de la ville assiégée lui paraissent présenter un terrain favorable à la petite guerre; autant il est difficile d'approcher de la place avec toute une armée, autant il est facile de pousser des partis jusqu'aux portes; l'armée cependant prendra position sans entrer dans les bois, prête à recevoir l'ennemi si celui-ci veut franchir les défilés. Le maréchal voit un grand péril à se lancer dans une aventure dont l'issue en ce moment peut être fatale. Chacun garde le silence; personne, Gassion lui-même, n'ose conseiller la bataille. Le prince reprend la parole. Il démontre que l'opération restreinte ferait courir à l'armée tous les risques de la défaite sans aucune chance de victoire, et que tenter le secours, sans être résolu à livrer bataille, ne mènerait qu'à un désastre. Il faut aller chercher l'ennemi sous la muraille pour lui faire lâcher prise. Au reste, il ne s'agit pas de sauver Rocroy, mais de sauver l'État de France et la couronne du jeune Roi.

Le langage du général en chef entraîne Gassion; s'il n'a pas cru pouvoir émettre le premier un avis aussi hardi, il tient le parti pour bon. Il ajoute quelques détails topographiques sur les passages, sur les lieux en général; puis il indique par quels procédés tactiques on peut atteindre le plateau et y prendre position. Sirot, la meilleure tête du conseil, Persan, homme d'action et ami personnel du prince, opinent comme Gassion. L'Hôpital persiste dans son sentiment; les autres officiers l'appuient ou se taisent. Le duc d'Anguien met fin à la conférence en donnant, pour le lendemain, l'ordre de marche, l'ordre de bataille et la distribution des commandements. Ses instructions sont complètes et précises; rien n'est omis, et « chacun, dit Sirot dans ses *Mémoires*, fut mis en pleine possession de ce qu'il devait faire ».

Le 18 mai, au jour, l'armée prit la direction de Rocroy. La revue d'effectif, passée la veille, avait donné un chiffre de vingt-trois mille combattants, dont quinze à seize mille hommes de pied, six à sept mille cavaliers, soit dix-huit bataillons et trente-deux escadrons. Les bagages restent à Aubenton ; les convois venant de la Champagne sont dirigés sur Aubigny. Vers huit heures du matin, la tête de colonne arrive au pied des versants boisés du plateau; l'ennemi n'en a pas gardé les abords. Deux chemins mènent au sommet, l'un et l'autre médiocres : à gauche, on trouvera plus de fondrières; à droite, des taillis moins clairs et des passages étroits, mais un sol ferme.

Tandis que l'armée prend l'ordre de bataille pour faire halte, cinquante Croates, lancés en avant, éclairent les deux routes. Plusieurs « manches » de mousquetaires, enfants perdus, conduits par les sergents-majors des régiments (1), se répandent dans les bois (2) et les fouillent, se servant des

(1) Adjudants-majors de nos jours.

(2) Ces bois, désignés généralement dans toutes les relations contemporaines sous le nom de bois des Fors, portent, sur les cartes modernes et même sur celle de Cassini le nom de bois des Potées.

sentiers frayés par les pâtres et les bestiaux. L'avant-garde, commandée par Gassion (quinze cents chevaux), suit le mouvement par la route de droite. Nul ennemi dans les bois. En arrivant au terrain découvert, nos éclaireurs rencontrent les premières vedettes espagnoles, soutenues par de petits postes qui sont facilement délogés par Gassion. Celui-ci déploie sa troupe, et, marchant sur les traces des gardes ennemies en retraite, arrive au sommet de la pente, d'où il découvre, à 2,500 mètres environ, le clocher de Rocroy et quelques-uns des camps de l'ennemi. Déjà il peut voir aux abords de la place des troupes qui s'agitent.

Chevers, maréchal-des-logis de la cavalerie, est allé au galop informer le général en chef que les chemins sont libres, les abords du plateau dégagés et que l'armée espagnole n'est ni retranchée ni même rassemblée. Bientôt M. le Duc rejoint l'avant-garde avec deux mille chevaux de l'aile droite et les mousquetaires qui ont fouillé les bois. Il ne perd pas un instant pour jalonner sa ligne de combat; car il a été si prompt, si habile et si heureux, que déjà il tient la position signalée par Gassion, et où il rêvait plutôt qu'il n'espérait de pouvoir livrer bataille.

Les fusiliers à cheval sont à gauche au-dessus d'un petit étang; à droite, les Croates occupent une hauteur au milieu de bouquets de bois clairsemés. La cavalerie de l'aile droite se déploie en ordre étendu entre ces deux troupes, et les manches des mousquetaires se placent dans les intervalles des escadrons. Au delà d'un pli de terrain où se sont arrêtées les vedettes espagnoles, le duc d'Anguien distingue en face de lui un groupe de cavaliers qui observent.

C'est don Francisco Melo, que nous avons laissé entouré de ses généraux, en avant de son front de bandière, cherchant à deviner l'importance, la profondeur de cette ligne serrée d'infanterie et de cavalerie, qui vient de se déployer sur la crête où il avait songé à porter son armée. Il était environ deux heures de l'après-midi.

Cependant la tête de l'infanterie française débouche du bois, tandis que le second corps de cavalerie arrive par la gauche. Les officiers généraux et d'état-major se rendent auprès du général en chef. Celui-ci, jugeant que le terrain jalonné est trop étroit et qu'une de ses ailes pourrait être facilement tournée, pousse les Croates à droite et les fait soutenir par les cuirassiers de Gassion; car c'est la clef de la position qu'il faut occuper, et les piquets ennemis se sont repliés de ce côté en assez grand nombre; mais ils reculent sans résistance sérieuse, et la ligne de bataille est décidément tracée. Tandis que, devant le front, quelques cavaliers détachés des deux armées échangent des coups de feu inoffensifs pour entretenir l'escarmouche, le duc d'Anguien donne ses ordres, indique aux maréchaux-de-camp et sergents-de-bataille la position des ailes de cavalerie, ainsi que les points où doivent être dirigées les deux colonnes d'infanterie qui se formeront concentriquement : celle de droite, « Picardie » en tête, fera vers la gauche en avant en bataille ; celle de gauche suivra « Piémont », pour faire vers la droite en avant en bataille. Espenan commande la « bataille », c'est-à-dire l'infanterie au centre ; La Ferté, la cavalerie de la gauche ; Gassion, celle de la droite ; Sirot, la réserve. Le général en chef a marqué sa place à la droite, entre l'infanterie et les troupes de Gassion. Son lieutenant-général occupe un poste semblable vers la gauche, près des escadrons de La Ferté.

Voici quelle est la disposition de l'armée française : au centre, quinze bataillons en masse, de huit à neuf cents hommes chacun, disposés en échiquier sur deux lignes, avec intervalles assez larges pour permettre le jeu des réserves et le déploiement des lignes de feu; l'artillerie (douze pièces) devant le front; aux ailes, vingt-trois escadrons d'environ deux cents chevaux chacun, formant deux doubles lignes de colonnes, avec trois escadrons en flèche à la droite et deux en observation à la gauche; en réserve, trois bataillons et quatre escadrons intercalés; en tout, dix-huit bataillons et trente-deux escadrons [1], don-

[1] INFANTERIE : 21 régiments et 8 compagnies royales, formant 18 bataillons.

CAVALERIE : Croates et fusiliers, 3 rég. (4 esc.); — gardes de M. le Duc, 1 comp. (1 esc.); — chevau-

nant de vingt-deux à vingt-trois mille combattants, dont six ou sept mille cavaliers. Le front, orienté du nord-ouest au sud-est et refusant la gauche, se développe à environ 2,000 mètres de la place assiégée, sur une étendue de 2,500 mètres, dont 1,000 occupés par la « bataille », c'est-à-dire par l'infanterie du centre.

Tout est *rièze*, c'est-à-dire lande, devant et autour de la ligne de combat, sauf vers la droite. Là, nos troupes, postées en face d'une large arête qui conduit de plain-pied aux murs de Rocroy, sont rapprochées de la forêt qui s'étend jusqu'à la Meuse et dont se détachent quelques bouquets de bois. Le terrain s'abaisse et se découvre graduellement devant le centre; il devient marécageux vers la gauche, arrêtée derrière

légers, 21 rég. (25 esc.); — gendarmes, 6 comp. (2 esc.); ensemble : 24 régiments et 7 compagnies formant 32 escadrons. — *Voir* le tableau ci-contre.

le petit étang, aujourd'hui disparu, seul obstacle naturel qui sépare les deux armées.

Le déploiement des Français, commencé entre trois et quatre heures, s'acheva sous le feu du canon ennemi. L'armée du roi catholique, forte de vingt-six à vingt-huit mille combattants, s'établissait, le dos à Rocroy, sur une ligne à peu près parallèle au front de l'armée française, à environ 900 mètres, et en ordre moins étendu (1).

(1) *Voir* ci-contre. — Le tableau de l'armée de France en bataille est figuré d'après un « ordre » où les noms des corps, les intervalles entre les unités et les distances entre les lignes sont fixés en chiffres exacts; on n'y trouvera pas les manches de mousquetaires placées entre les escadrons de cavalerie, disposition préliminaire qui a disparu lors de la formation en bataille. — Pour l'armée d'Espagne, il est impossible d'arriver à la même précision, le rapport de Vincart ne donnant que des indications générales. Dans ce récit, comme dans plusieurs autres, il règne une certaine confusion entre l'ordre de marche et l'ordre de bataille, ainsi que l'indiquent les mots *vanguardia et retroguardia* appliqués à la forma-

ARMÉE DE FRANCE

Aile gauche.

First line:
- Guiche 1, 2
- La Ferté 1, 2
- Beauvau. (*Liégeois.*)
- La Clavière.

Second line:
- Harcourt.
- Heudicourt.
- Marolles.
- X...
- Nétaf. (*étranger.*)

Bataille.

First line:
- Piémont.
- Rambures.
- Biscaras. Bourdonné.
- Molondin. (*Suisse.*) 2, 1
- Persan.
- La Marine.
- Picardie.

Second line:
- Guiche. Bussy.
- Brézé. Langeron.
- Roll. (*Suisse.*)
- Écossais.
- Watteville (1). (*Suisse.*)
- Vidame.
- La Prée. Vervins.

Aile droite.

First line:
- Sully.
- Coislin.
- Lenoncourt.
- Mestre de camp-général. 2, 1
- Royal. 2, 1
- *Chack.* Croates. *Raab.* 2, 1
- Gardes.

Second line:
- Vamberg. (*étranger.*)
- Leschelle. (*étranger.*)
- Sillart. (*étranger.*)
- Menneville.
- Roquelaure.

Réserve.

- Charost.
- Royaux.
- Gendarmes.
- Watteville (2). (*Suisse.*)
- Gendarmes.
- Harcourt. Aubeterre. Gesvres.
- Sirot.

La profondeur des unités tactiques n'est pas indiquée.

BLEU : *Infanterie.*
ROUGE : *Cavalerie.*

Aile gauche. Bataille. Aile droite.

Cavalerie de Flandre.

Bourguignons. (2 tercios).

Espagnols naturels (5 tercios).

Wallons (5 tercios).

Allemands (5 tercios).

Italiens (3 tercios).

Cavalerie d'Alsace.

JAUNE : *Infanterie*.
VIOLET : *Cavalerie*.

Ses dix-huit pièces sont en batterie assez en avant et commencent à tirer entre quatre et cinq heures.

Au centre, les *tercios viejos*, en cinq gros bataillons, ont : à leur droite les Italiens, à leur gauche les Comtois ou Bourguignons, et derrière eux, sur deux lignes, les Wallons et les Allemands. C'est

tion déployée. Sans fixer d'intervalle entre les unités, nous avons disposé l'infanterie d'Espagne sur trois lignes, ce qui concorde non seulement avec les incidents de la journée et toutes les reproductions figurées du combat, mais encore avec le texte de Vincart. Les noms des corps de troupes espagnols ne sont pas marqués sur le tableau, leur rang de bataille n'étant établi par aucun document. Voici, d'ailleurs, la liste des régiments qui composaient l'infanterie du roi catholique à Rocroy :

Espagnols : Alburquerque, Velandia, Vilalva, Castelvi, Garcies.

Italiens : Strozzi, Delli Ponti, Visconti.

Allemands : Ritberg, Montecuccoli, Frangipani, d'Ambise, X...

Bourguignons : Grammont, Saint-Amour.

Wallons : De Grange, prince de Ligne, Meghen, Ribaucourt, Bassigny.

« la bataille ». Rien de plus imposant que cette masse de dix-huit à vingt mille hommes resserrés sur un front de 800 mètres et formant comme une phalange, où l'œil distingue à peine l'écart des trois lignes et les intervalles qui séparent entre eux les dix régiments de la première ligne. Fontaine est à la tête de cette redoutable infanterie; parmi ceux qui le secondent on ne saurait oublier l'héroïque Velandia [1], les mestres-de-camp Ribaucourt [2], Visconti, Ritberg [3], et Grammont, dont le nom est si connu dans la vallée de la Saône; aujourd'hui encore, les régiments espagnols Zamora (8e de ligne), Soria (9e) et Galice (19e) sont fiers de la généalogie militaire qui les rattache aux

(1) Velandia (Antonio), capitaine en 1635, mestre-de-camp à Honnecourt.

(2) Jean d'Aubermont, seigneur de Ribaucourt.

(3) Jean, comte d'Oostfrise et de Ritberg, de la famille des comtes d'Embden.

tercios commandés en 1643 par Garcies [1], Villalva [2] et le sergent-major Juan Perez de Peralta.

Les cent cinq cornettes de cavalerie de don Francisco Melo sont aux deux ailes. A la gauche, le duc d'Alburquerque conduit les compagnies des Flandres et du Hainaut groupées en quinze escadrons; il a auprès de lui don Juan de Vivero [3] et don Pedro de Villamor [4]. A la droite,

[1] Don Hernando de Quesada Mendoza, comte de Garcies.

[2] Don Bernardino de Ayala, comte de Villalva, arriva en Flandre en 1640 avec le duc d'Alburquerque; brillant gentilhomme, de fort galant renom, grand amateur de courses de taureaux, et lui-même *torero* émérite.

[3] Frère du comte de Fuensaldaña; il servait depuis huit ans en Flandre, conduisit à la fin de l'année un renfort en Allemagne, prit part à la bataille de Tüttlingen, et commanda la cavalerie en Catalogne (1646).

[4] Commissaire général de la cavalerie à la bataille de Nördlingen (1634), vint en Flandre avec le cardinal-infant.

le vaillant comte d'Isembourg amène la cavalerie d'Alsace, troupe éprouvée; ses quatorze escadrons, qui étaient campés de l'autre côté de la place, arrivent successivement. D'une extrémité à l'autre de la ligne espagnole, on mesure un peu plus de 2,000 mètres ; c'est vers sa gauche qu'elle est débordée par l'armée française. Cependant, le capitaine-général, entouré de ses gentilshommes, de ses écuyers et secrétaires, se place près de son aile droite. Il juge que le marais, l'étang, quelques ravins qui les avoisinent, peuvent favoriser une tentative de secours ; il veut y regarder de près ; car il incline toujours à croire que tout cet attirail de l'ennemi a pour but de retarder la prise de Rocroy. Ce n'est peut-être pas un résultat proportionné à l'effort ; mais les Français sont si glorieux ! On lui offre un cartel ; sera-t-il forcé de l'accepter ? N'a-t-il pas vu, l'année précédente, deux maréchaux de France mettre leurs armées en bataille devant ses lignes et se retirer sans combat après lui avoir laissé prendre La Bassée sous leurs yeux? En tout cas, il faut attendre les troupes du Luxembourg. Éternelle légende du corps d'armée qui doit décider la victoire et qui n'arrive jamais!

Le canon espagnol continue de tirer et soutient son feu depuis une heure quand les douze pièces françaises peuvent être mises en batterie pour riposter; elles sont moins bien servies, de moindre calibre et font peu de dommage, tandis que nos pertes sont sensibles. Cette canonnade nous enleva de trois à cinq cents hommes sans troubler l'ordre et la précision de nos mouvements. Un peu avant six heures, les troupes des deux lignes étaient en place; les détachements qui avaient formé le cordon étaient rentrés à leurs corps respectifs, et la réserve, qui avait tenu l'arrière-garde, achevait de s'établir à 200 mètres en arrière du centre. On avait encore trois heures de jour devant soi ; le duc d'Anguien voulait en profiter. Il craignait l'effet prolongé du canon ennemi sur ses troupes, et son adversaire ne lui semblait pas complètement préparé ; assurément Beck n'était pas là, et toutes les troupes du corps de siège n'étaient pas encore entrées en ligne. Placé à la droite, le général en chef étudie avec Gassion les dernières dispositions à prendre pour marcher en avant par l'arête large qu'il a devant lui, lorsqu'il voit sa gauche s'ébranler et quitter la position défensive qu'il lui avait assignée.

L'Hôpital ne désespérait pas d'épargner à l'armée les risques d'une bataille qui deviendrait sans but, selon lui, si on parvenait à secourir la place. Resté près de La Ferté, il lui fit remarquer que l'aile droite des ennemis n'était pas encore au complet et lui montra certains ravins qui permettaient de pousser un parti jusqu'aux portes de Rocroy. La Ferté, émule un peu jaloux de Gassion, désireux de se signaler, accepta de grand cœur les encouragements du lieutenant-général et poussa quelques troupes au travers du marais, pendant qu'il essayait de contourner l'étang avec une partie de sa cavalerie; découvrant ainsi le centre de l'armée et faisant un assez grand vide dans la ligne de bataille. Anguien voit le péril et court à la gauche pour arrêter ce malencontreux mouvement.

Tandis qu'il y vole, un grand bruit d'instruments de guerre frappe ses oreilles. Les tambours et trompettes de l'ennemi battent et sonnent la charge; l'armée espagnole tout entière s'avance. En quelques secondes, dans un de ces instants d'anxiété poignante que connaissent ceux qui ont exercé le commandement, le jeune prince devine ce qui le menace : le détachement de La Ferté enlevé, la gauche délogée, le corps de bataille pris de flanc et de front par un ennemi très supérieur, point de retraite, un désastre plus complet que celui qu'il devait infliger le lendemain aux Espagnols. Il presse son cheval pour essayer de parer ce coup terrible, ou mourir au premier rang et disparaître dans la fumée de sa première bataille.

Mais don Francisco n'était pas de ces hommes rares qui saisissent l'occasion aux cheveux, et qui, par une improvisation rapide, changent sur le terrain un plan arrêté d'avance. Or le combat immédiat n'entrait pas dans son plan. C'était le vieux Fontaine qui, voulant gagner une centaine de mètres pour rectifier sa position, avait ordonné cette démonstration offensive comme une sorte de marche d'essai. Le résultat obtenu, il s'arrêta.

Déjà M. le Duc, arrivé près de la gauche, avait pris quelques bataillons de la seconde ligne et les avait placés en écharpe pour recevoir le premier choc. Déjà les troupes de La Ferté revenaient, décousues et plus vite que le pas, suivies au trot par la cavalerie d'Alsace, qui entrait en ligne. Mais cette cavalerie fit halte comme le reste de l'armée espagnole, sans dépasser le marais. Le calme était rétabli, et le courroux du général en chef s'était aussi apaisé quand il reçut les excuses de son lieutenant.

Il est trop tard pour rien entreprendre, il faut attendre l'aube. L'armée passera la nuit en ordre de bataille, prête à recevoir l'ennemi, en cas d'attaque nocturne, ou à commencer le combat au point du jour. Le duc d'Anguien répète ses instructions à L'Hôpital et à La Ferté, qui resteront à l'aile gauche. Leur rôle pour la journée du 19 est d'engager l'escarmouche et de soutenir le combat, sans prendre l'offensive avant que l'aile droite ait obtenu un avantage marqué. Tous deux assurent leur général qu'ils rempliront exactement ses intentions. La Ferté exprime de nouveau son regret du faux mouvement qui a failli compromettre le salut de l'armée; il devait retomber exactement dans la même erreur le lendemain matin.

Le duc d'Anguien veut donner lui-même l'ordre aux officiers et passer devant le front des troupes en retournant au poste qu'il a choisi. Il trouve d'abord des visages assombris; le tir effectif de l'artillerie espagnole, la faiblesse de la riposte de l'artillerie française, le trouble qui s'était produit à notre aile gauche, la fière allure de l'infanterie ennemie s'avançant au pas de charge, tous ces incidents avaient rappelé les fâcheux souvenirs des campagnes précédentes. L'attitude résolue du général en chef, les mâles paroles qu'il sut adresser à tous ramènent un peu de cette confiance qu'avaient fait naître le bon ordre de la marche, l'heureux passage des défilés.

Louis de Bourbon était de stature moyenne, mince, bien proportionné, d'apparence délicate, mais musculeux et rompu aux exercices du corps, au maniement des armes et du cheval. La moustache naissante recouvrait à peine une lèvre un peu épaisse ; la bouche était grande, le menton fuyant, les pommettes saillantes ; le profil très arqué exagérait ce qu'on est convenu d'appeler le type bourbonien ; il avait le front superbe, les yeux bleu foncé, un peu à fleur de tête, mais très beaux, le regard pénétrant, et dans toute sa personne un charme étrange qui saisissait et subjuguait. Suivons-le dans cette revue émouvante, passée en présence de l'armée ennemie en bataille, à la veille d'une journée qui peut décider du sort de la France.

La Motte Saint-Cyr lui présente les anciens dragons de Richelieu, que leur nouvel armement a fait nommer fusiliers; c'est la troupe légère par excellence; elle flanque l'extrémité de notre ligne; il lui manque les cent vingt hommes que Gassion a jetés dans Rocroy. Dans cette cavalerie de la gauche qui achève de se mettre en ordre, les Liégeois du marquis de Beauvau figurent à côté des escadrons français de Guiche, de La Ferté, d'Harcourt, d'autres moins connus et du régiment de Marolles, un des derniers levés et déjà un des meilleurs. Marolles, dit le Brave, condamné à mort après un duel fameux (1), vient de pas-

(1) Marolles (Joachim de Lenoncourt, marquis de), condamné à mort en 1633, pour avoir attaqué le baron des Chapelles, passe dans les états du duc de Savoie et, depuis 1635, sert dans les armées de cet allié de la France avec une grande distinction. En 1639, il lève un régiment d'infanterie entretenu par le Roi

ser en exil dix années employées à servir la France hors de France; il est fort apprécié du duc d'Anguien, qui lui envoie un salut amical et qui salue aussi pour la dernière fois le brillant comte d'Ayen. Henri de Noailles ([1]) sera tué le lendemain, à la tête des chevau-légers de Guiche.

Voici, à la gauche de l'infanterie, le sombre drapeau ([2]) des « bandes noires », souvenir de Jean de Médicis et des guerres

pour la garde de la duchesse de Savoie et de son fils. Rentré en France, il obtient un régiment de cavalerie (18 avril 1643); nous le verrons nommer gouverneur de Thionville. Maréchal-de-camp en 1646, lieutenant-général en 1652, il fut tué d'un coup de canon en 1655 au siège de Mussy en Lorraine, laissant pour héritier de son nom un enfant de huit jours. Il avait reçu vingt-quatre blessures; cinq de ses frères étaient morts comme lui sur le champ de bataille.

([1]) Fils aîné de François de Noailles, gouverneur d'Auvergne et de Roussillon, et de Rose de Roquelaure.

([2]) Noir à croix blanche. — Les bandes de Jean de Médicis, *Giovanni delle bande nerre*, formèrent le noyau de l'infanterie « par delà des monts » qui fut enrégimentée en 1564 sous le nom de « Piémont ».

d'Italie. Il flotte au premier rang de « Piémont », le plus populaire, le mieux exercé de nos régiments. Aucun corps ne pratique aussi bien la tactique de l'ordre étendu et des mousquetaires déployés. Les Espagnols l'ont surnommé *el Bizarro*, le vaillant entre les vaillants, et ils le connaissent bien ; car c'est lui qui arrêta leur essor à Corbie en 1636 ; ils l'ont retrouvé ailleurs ; s'il avait été soutenu quand il attaquait le bois de la Marfée en 1641, ou quand, l'année suivante, il défendait l'abbaye d'Honnecourt, le sort de ces deux journées aurait pu être différent. Comme les autres « vieux régiments » français ou suisses, Piémont a plusieurs compagnies détachées en garnison et des officiers supérieurs employés comme gouverneurs de places. Le chef de corps, Gaspard de Coligny, dont le nom sera souvent mêlé à la vie de notre héros, n'est pas présent;

le lieutenant-colonel, Puységur, fait prisonnier l'année précédente, est encore chez les ennemis; ils sont remplacés par le premier capitaine. Tous les officiers d'infanterie sont dans le rang; les mestres-de-camp et sergents-majors sont seuls en dehors, sur le flanc de leur troupe, à pied et la pique à la main.

Auprès de Piémont, le premier des « petits vieux », « Rambures » (¹), dont le nom depuis Ivry est synonyme de bravoure. Ces deux régiments sont presque toujours ensemble. René de Rambures, quatrième mestre-de-camp de ce nom, vient de remplacer son frère, tué à Honnecourt. Le duc d'Anguien passe ensuite devant le front de quelques régiments moins célèbres ; au centre, à la place fixée

(¹) « Rambures ». Pas de régiment mieux discipliné ni mieux exercé. Il prit plus tard le nom de Béarn. Fabert y servait comme major en 1627 et années suivantes.

par les ordonnances, il trouve les Écossais et les Suisses; parmi les étrangers, ce sont ceux que la plus vieille fraternité d'armes unit aux troupes françaises; le Roi vient d'accorder ou plutôt de maintenir aux premiers le rang des Gardes ([1]). « Molondin » ([2]), de Soleure, se fait remarquer

([1]) Dès 1636, John Hepburn conduisait le régiment Douglas au siège de Saverne et fut tué à sa tête. En 1642, le marquis, depuis maréchal d'Étampes, ambassadeur du Roi à Londres, profita des troubles pour expédier d'Écosse en France environ six mille hommes d'élite, tandis qu'il réussissait à empêcher l'embarquement de quinze mille Irlandais enrôlés pour le service du roi d'Espagne. Ce contingent fut réparti en quatre régiments qui, plus tard, furent réunis en un seul, celui des Gardes écossaises. Par décision royale du 16 mai 1643, notifiée le 18 à l'armée de Picardie, les Gardes écossaises prirent rang après les Gardes suisses. Ce régiment fut commandé par le comte d'Erwin, puis par André Rutherford, comte de Teviot. Il fut licencié en 1663.

([2]) « Molondin », levé en 1635, montra une grande fermeté en 1636. Le chef de corps, Jacques d'Estavayé de Molondin, ayant pris une compagnie aux Gardes suisses, laissait le commandement du régiment à son frère, en faveur duquel il se démit définitivement

par la belle apparence de ses deux bataillons; le mestre-de-camp est un manœuvrier émérite. Puis M. le Duc va voir les troupes de la troisième ligne, les « compagnies royales », dont l'une porte son nom [1] et surtout les gendarmes, qui sont le fond et le nerf de cette réserve, beaux chevaux et braves cavaliers; plusieurs sont ses amis. Montcha [2], guidon des gendarmes

lorsqu'il fut nommé maréchal-de-camp en 1645. Imbotti lui dédia son curieux ouvrage sur la milice moderne. Louis de Roll, qui commandait à Rocroy un autre régiment suisse d'un bataillon (levé en 1641), était aussi de Soleure. « Watteville » (deux bataillons) était de Berne.

(1) En décembre 1642, le Roi créa trente compagnies royales de trois cents hommes chacune, qui prirent les noms de leurs capitaines : Anguien, Liancourt, Canaples, Rothelin, Polignac, Thémines, Nemours, La Trémoille, etc. Le Roi donna 4,500 livres pour chaque compagnie. Huit de ces compagnies formaient un bataillon à Rocroy; on les appelait habituellement « les Royaux ».

(2) Montcha (Edme-Claude de Simiane, comte de), successivement guidon, sous-lieutenant et capitaine-lieutenant des gendarmes de la Reine, quitta sa compagnie et le service à la mort d'Anne d'Autriche (1666).

de la Reine, a le commandement des six compagnies qui forment deux escadrons.

Après s'être entretenu quelques moments avec Sirot du rôle assigné à la réserve dans la journée du lendemain, M. le Duc retourne à la première ligne. La Fressinette [1], lieutenant-colonel, présente le régiment de Persan; le prince apprend avec douleur qu'on vient d'emporter le mestre-de-camp, son ami et un des meilleurs officiers d'infanterie de l'armée, grièvement blessé d'un coup de canon. « Picardie » a la « droite de tout »; c'est le doyen de l'infanterie française. Dans les récriminations échangées lors de la bataille de Thionville, la conduite de ce régiment avait été sévèrement jugée; il va se relever brillamment le 19 mai. Le mestre-de-camp, de Nangis, et Mauper-

(1) Tué le 5 août 1644 devant Fribourg.

tuis, lieutenant-colonel ([1]), sont présents. Picardie est soutenu par « La Marine », créé en 1636 et déjà classé parmi « les vieux ». C'était le corps favori du cardinal de Richelieu, qui en a confié le commandement à un chef éprouvé, le marquis de La Trousse ([2]), oncle de l'ami de madame de Sévigné.

([1]) Nangis (François de Brichanteau, marquis de), né le 4 octobre 1618, cornette des chevau-légers de Condé en 1631, mestre-de-camp d'un régiment d'infanterie de son nom (1635), obtient le régiment de Picardie en 1640. Nommé maréchal-de-camp pendant le siège de Thionville (13 juin 1543), il fut tué devant Gravelines, le 14 juillet 1644. — Louis de Melun de Maupertuis succéda au marquis de Nangis et fut tué presque aussitôt devant Sierck (septembre 1643).

([2]) La Trousse (François Le Hardy, marquis de), volontaire en 1629, capitaine de chevau-légers en 1638, par succession d'un de ses frères tué, lieutenant-colonel de La Marine le 4 mars 1641, colonel-lieutenant en 1642, maréchal-de-camp en 1644, tué devant Tortose en 1648. Son frère, Adrien, chevalier de Malte, aussi présent à Rocroy comme capitaine dans La Marine, prit le commandement du régiment en 1644, devint maréchal-de-camp en 1651 et mourut en 1691.

Soixante ans plus tard, devant Turin, La Marine, ayant à sa tête son colonel, Le Guerchois, et le duc d'Orléans, donnera trois fois au plus épais de l'ennemi, et trois fois on relèvera le futur régent de France, roulant sous son cheval tué, puis blessé à la hanche, renversé enfin par une balle qui lui a fracturé le poignet. Dans cette sombre journée du 7 septembre 1706, La Marine ne ramènera pas la victoire, mais sauvera l'honneur des armes. Les régiments qui portent aujourd'hui ce glorieux nom dans l'armée française n'ont pas dégénéré.

La nuit était survenue et les flammes des foyers allumés par les troupes brillaient sur un fond sombre, lorsqu'Anguien s'arrêta, sans aller jusqu'à la cavalerie de l'aile droite, déjà au repos. Les gardes de M. le Duc ne sont pas auprès de lui, mais à l'extrême avant-garde de la droite, où ils renforcent les deux régiments de Croates. Les aides-de-camp et les volontaires font au prince une brillante escorte. Gassion vient les joindre avec quelques officiers; tous mettent pied à terre « au feu de Picardie ».

Le silence était profond (*alto silenzio*) [1]; les gardes veillaient, échangeant le mot de ralliement: Anguien; « nos soldats, couchés en bataille sur leurs armes, n'attendaient qu'un signe pour se lever, souffler sur la mèche et l'abattre sur le serpentin » (Sirot). L'ordre étonnant (*stupenda ordenanza*) maintenu dans le camp français fut pour les contemporains un objet d'admiration. Le prince s'étendit sur la terre et s'endormit profondément. Bossuet a peint cette nuit et ces deux armées « enfermées dans les bois et dans des

(1) Dépêche de Giustiniani, ambassadeur vénitien 23 mai. *Bibliothèque Nationale.*

marais pour décider leur querelle comme deux braves en champ clos ». Le lecteur ne nous pardonnerait pas de changer un seul mot dans ce récit dont l'éloquence ne surpasse pas l'exactitude. Voici pourtant un détail à compléter : ce n'est pas le matin « à l'heure marquée », c'est en pleine nuit qu'il fallut « réveiller cet autre Alexandre ».

Un cavalier vient de se présenter à nos avant-postes ; c'est un Français qui avait pris parti chez les Espagnols. On l'amène, il se jette aux pieds du prince et implore sa grâce, bien payée d'ailleurs par l'importance des renseignements qu'il apporte : l'ennemi attend Beck le 19 vers sept heures du matin et attaquera immédiatement ; toujours préoccupé d'une tentative de secours venant de notre gauche, le capitaine-général a ramené une partie de la cavalerie d'Alsace dans son ancien quartier à l'ouest de la place; si l'aile droite française est assez hardie pour s'engager la première, elle sera bien reçue par mille mousquetaires qui passent la nuit « sur le ventre » dans les bouquets de bois tout près d'elle. Le cavalier achève à peine son récit que déjà M. le Duc a modifié certaines parties de son plan et donné de nouveaux ordres d'exécution. Puis il demande son cheval, ses armes, revêt sa cuirasse et met sur sa tête un chapeau orné de cette plume blanche qu'avait illustrée Henri IV, et qui est restée dans l'armée française l'insigne du commandement en chef.

Il faisait encore obscur lorsque les escadrons de première ligne de l'aile droite montèrent à cheval pour dégager le front de la seconde ligne. Au même moment, les soldats de Picardie se levaient et s'avançaient sans bruit, laissant auprès des feux quelques hommes dont les ombres, passant devant la flamme, dissimulaient le départ du régiment. Les enfants perdus, conduits par le sergent-major de Pédamont, pénètrent dans les bouquets de bois, surprennent les mousquetaires ennemis dans cet instant critique où un lourd sommeil s'empare de l'homme qui a veillé. Quelques coups de feu retentissent, les fantassins espagnols se lèvent en désordre, la panique les saisit; les uns sont frappés par nos piquiers; les autres se jettent hors du bois et tombent dans un flot de cavaliers; aucun n'échappa. La lueur grise de l'aurore succédait aux ténèbres de la nuit. Il était trois heures du matin, le 19 mai 1643.

La cavalerie a suivi le mouvement des enfants perdus; son front est doublé; tous les escadrons sont sur une seule ligne. Gassion en conduit sept et prend à droite,

Anguien à gauche, un peu en arrière avec huit; le bouquet de bois les sépare et les masque quelque temps. Les cavaliers ennemis ont sauté en selle à la première alerte; c'est la troupe de Gassion qui se montre d'abord. Alburquerque veut lui faire face; au moment d'en venir aux mains, il est tourné par le duc d'Anguien et pris de flanc en flagrant délit de manœuvre. Le choc fut dur; les cornettes abordées ne s'en remirent pas et disparurent du champ de bataille suivies par nos Croates. Le duc d'Alburquerque et ses lieutenants, Vivero et Villamor, rétablissent leur seconde ligne derrière la gauche de l'infanterie; les escadrons français sont ralliés; un nouveau combat s'engage avec la même issue que le premier. Au milieu de la fumée et de la poussière, plusieurs cornettes ennemies passent sans rencontrer nos cavaliers et arrivent jusqu'à

Picardie, qui, le bois nettoyé des mousquetaires, se trouvait isolé en avant de notre ligne de bataille. Le régiment enveloppé se forme en octogone[1] et montre une grande fermeté.

L'aile gauche de l'armée espagnole est dispersée. En moins d'une heure, le duc d'Anguien s'est révélé; il a conquis sur ses cavaliers cet ascendant qu'une sorte de courant rapide donne au chef digne de commander sur des soldats dignes de le suivre. Il peut maintenant arrêter sa troupe sans diminuer son courage, la faire manœuvrer au fort de l'action, lui rendre l'élan sans qu'elle lui échappe; il va avoir besoin de toute son autorité. Le succès de notre aile droite avait amené le général en chef sur une ondulation d'où, en se retour-

(1) Disposition rationnelle, puisqu'elle ne donne pas d'angle mort, mais compliquée et bizarre, qu'une infanterie très exercée pouvait seule adopter.

nant, il dominait le terrain occupé par le reste de son armée. Le spectacle qui s'offrit à ses yeux était fait pour troubler une âme moins ferme.

Les coups de mousquet partis de notre droite avaient mis fin à la « trêve de Dieu » observée toute la nuit par une sorte d'accord tacite; les postes placés entre les deux armées avaient aussitôt commencé le feu; les piquets étaient accourus. Deux lignes de tirailleurs couvrent tout le centre d'un nuage de fumée; bientôt le canon mêle sa voix tonnante aux éclats de la mousqueterie. A notre gauche, les premières clartés du jour montrent à La Ferté l'aile droite des ennemis dégarnie; en effet, Isembourg, avec presque toute la cavalerie d'Alsace, avait passé la nuit dans son camp à l'ouest de la place, à la tête des tranchées, pour mieux garder les avenues et repousser cette tentative de secours qui, jusqu'au dernier moment, préoccupa surtout l'état-major espagnol. Voyant ce vide devant lui, La Ferté oublia et l'échauffourée de la veille et les recommandations de son général; de nouveau, il voulut franchir le marais et tourner l'étang. Comme la veille, Isembourg survint avec ses escadrons, mais cette fois il ne s'arrêta pas; prenant le galop à bonne distance, favorisé par la pente, il aborde la cavalerie française, la met en désordre, la sépare de l'infanterie et la pousse vivement devant lui. La Ferté combat avec vaillance; atteint d'un coup de pistolet, percé de deux coups d'épée, il tombe aux mains de l'ennemi. L'ardeur de la poursuite, l'attrait du pillage, l'espoir d'arriver jusqu'aux bagages des Français entrainent au loin bon nombre de cavaliers allemands. Encore aujourd'hui, on retrouve des armes brisées jusque dans les rièzes de Regniowez.

Avec le gros de sa troupe, Isembourg tourne à gauche, culbute nos mousquetaires, nos artilleurs, et s'empare du canon; La Barre est tué sur ses pièces. L'Hôpital, homme d'honneur, un peu responsable du malheur de La Ferté, essaye d'y remédier. Il rallie quelques cavaliers, se met à la tête des bataillons de notre gauche et reprend le canon perdu. Mais aux cornettes qu'Isembourg a gardées sous la main se réunissent celles qui, venant de l'autre aile, se sont un moment égarées, et qui, après avoir tâté Picardie, ont coulé derrière les tirailleurs espagnols du centre. L'infanterie italienne les soutient. Les troupes de L'Hôpital sont entourées; un coup de feu lui casse le bras; on l'emporte; quelques bataillons fuient; Piémont et Rambures font ferme; ils sont très maltraités et obligés de reculer, abandonnant le canon une seconde fois.

L'ennemi a maintenant trente bouches à feu pour battre notre centre, qui n'avait pas encore été sérieusement engagé ; nous n'avons plus une pièce pour répondre. Nos mousquetaires, déployés sur deux rangs en avant des bataillons, continuent leurs salves, mais ils perdent du terrain. L'anxiété est profonde ; la gauche est battue, chacun le voit ; la droite a disparu, le général en chef avec elle ; quelques coups de feu, un nuage de poussière jalonnent la direction qu'elle a suivie ; elle est aux prises avec la cavalerie ennemie ; mais est-elle victorieuse ? Toute cette infanterie, qui souvent déjà s'est vue abandonnée par la cavalerie, se trouble facilement. Un mot d'ordre, venu on ne sait d'où, passe comme une traînée fatale de bataillon en bataillon : « La journée est perdue ! en retraite ! » Et lentement, graduellement, sans que personne dirige le mouvement, toute la ligne recule. Où donc est Espenan? où sont les officiers généraux?

En voici un : c'est le maréchal-de-bataille (chef d'état-major), La Vallière; il a rejoint dans la nuit; en ce moment, il arrive de la gauche; il va de régiment en régiment, parle aux chefs de corps : il ne sait rien du duc d'Anguien; il a vu tomber L'Hôpital; il engage les mestres-de-camp à replier leurs troupes en ordre. Le mouvement s'accélère; déjà ceux de nos bataillons qui n'ont pas été rompus par Isembourg se sont rapprochés de la réserve. Sirot se détache de sa troupe : Que faites-vous donc? demande-t-il. — Tout le monde bat en retraite, lui répondent les premiers qu'il rencontre; la bataille est perdue. — Perdue? s'écrie-t-il, allons donc! Sirot et ses compagnons n'ont pas donné! Face en tête! »

Entre cinq et six heures du matin, notre

gauche était battue, notre canon pris, La Ferté prisonnier, L'Hôpital hors de combat, La Barre tué, notre centre en retraite; l'infanterie italienne s'avançait et les *tercios viejos* allaient la soutenir. Du point où le duc d'Anguien avait fait halte pour rallier derrière la ligne espagnole ses escadrons victorieux, il ne pouvait saisir les détails de ce tableau; mais la direction de la fumée, la plaine couverte de fuyards, la marche de la cavalerie d'Alsace, l'attitude de l'infanterie ennemie, tout lui montrait, en traits terribles, la défaite d'une grande partie de son armée. Il n'eut pas un instant d'accablement, il n'eut qu'une pensée : arracher à l'ennemi une victoire éphémère, dégager son aile battue, non en volant à son secours, mais en frappant ailleurs. Quelques minutes de repos données aux chevaux essoufflés lui ont suffi pour arrêter le plan d'un nouveau combat, conception originale dont aucune bataille n'offre l'exemple. Laissant Gassion sur sa droite avec quelques escadrons pour dissiper tout nouveau rassemblement de la cavalerie wallonne, il fait exécuter à sa ligne de colonnes un changement de front presque complet à gauche, et aussitôt, avec un élan incomparable, il la lance, ou plutôt il la mène en ordre oblique sur les bataillons qui lui tournent le dos.

Dans les rangs pressés de l'infanterie ennemie, il était malaisé de suivre les incidents qui se succédaient depuis que la cavalerie d'Alburquerque et celle du duc d'Anguien étaient aux prises. Les yeux, les esprits, les cœurs étaient tout entiers à la bataille engagée devant le front, et chacun, chefs et soldats, se préparait à y prendre part quand la troisième ligne fut subitement abordée et poussée sur la seconde. C'est une suprême épreuve pour une troupe qu'une attaque imprévue sur ses derrières : « Nous sommes tournés ! » est un cri d'alarme qui émeut les plus braves. Peut-être les Wallons, mécontents de quelques-uns des actes de Melo, n'étaient-ils pas, ce jour-là, disposés aux grands sacrifices; mais Wallons et Allemands, tous étaient là placés dans des conditions défavorables. Beaucoup de mousquetaires détachés la nuit aux avant-postes n'avaient pas reparu; nous savons où ils gisaient. D'autres avaient déjà été dirigés sur le front en prévision d'un mouvement offensif; peu d'armes à feu pour arrêter les chocs qui se pressent. Et avec quelle ardeur arrivaient nos cavaliers, menés par un tel chef! Ils passent comme un torrent au milieu des bataillons. Ceux-ci sont si rapprochés qu'ils craignent de tirer les uns sur les autres et que la contagion du désordre est bien vite incurable; en quelques minutes, toute l'infanterie wallonne et allemande est complètement rompue. Les fuyards, qui se jettent en dehors, dans la direction des bois, sont ramassés par Gassion ou par les Croates; une masse confuse roule instinctivement vers la place laissée vide par la cavalerie d'Alsace.

C'est là que Melo avait choisi son poste. Inquiet, agité durant la nuit, il commençait à reprendre confiance et suivait d'un œil complaisant les progrès de son aile droite, lorsqu'on vint lui apprendre la défaite d'Alburquerque. Il veut y courir avec quelques cornettes que lui a laissées Isembourg et tombe au milieu de son infanterie en déroute. Aveuglé par la fumée et la poussière, il allait se jeter dans un escadron français quand son capitaine des gardes, Duque, l'arrête et le ramène auprès d'un brave mestre-de-camp, le comte de Ritberg, qui cherchait à retenir son régiment. Le capitaine-général harangue les soldats, essaye de les entraîner; mais le flot le déborde. Les chevau-légers français le reconnaissent, le pressent; son bâton de commandement lui échappe et il n'a que le temps de chercher refuge dans le bataillon du chevalier Visconti : « Je veux mourir ici avec vous, messieurs les Italiens (¹) », crie don Francisco. — « Nous sommes tous prêts à mourir pour le service du roi », répond Visconti. Et il fut pris au mot, car il fut tué quelques instants après; sa troupe fit ferme et repoussa les premiers cavaliers français. On se souvient que ces Italiens, placés à la droite de la « bataille » du roi catholique, venaient de s'avancer pour soutenir la cavalerie d'Alsace; Fontaine allait probablement faire suivre ce premier échelon par

(¹) *Aqui quiero morir con los señores italianos.* (Relation de Vincart.)

le reste de son infanterie; déjà le *tercio* de Velandia s'était détaché de la phalange et marquait le mouvement, lorsque les soldats du duc d'Anguien arrivèrent par derrière, pêle-mêle avec l'escorte de Melo. Ainsi l'infanterie du roi catholique commençait à marcher par échelons, l'aile droite en avant, méthodiquement, à rangs serrés, comme il convenait à son tempérament et à celui de son chef, lorsque l'audace inspirée du duc d'Anguien lui enleva sa seconde et sa troisième ligne. La première était intacte; précédée de son artillerie et de ses mousquetaires, elle présentait ce front imposant devant lequel reculait l'infanterie française, seule, en plaine, sans artillerie, sans direction.

Sirot avait ralenti ce mouvement en arrière; officiers et soldats s'arrêtaient pour l'entendre discuter vivement avec La Vallière et contester cet ordre de retraite que le général en chef n'avait pas donné. Quelques-uns des bataillons maltraités de la gauche s'étaient remis en ligne auprès de la réserve; mais un retour offensif de la cavalerie d'Alsace, qui voulait rester maîtresse de cette partie de la plaine, rejette notre infanterie dans le désordre. Sirot la dégage en chargeant avec les gendarmes et son régiment. La cavalerie ennemie fait mine de revenir; mais, cette fois, elle y va mollement; elle sait vaguement ce qui se passe ailleurs et ne songe qu'au ralliement.

Le commandant de notre réserve a rempli son devoir avec autant d'intelligence que d'énergie : maintenir sa troupe jusqu'au bout à la disposition du général en chef sans se laisser émouvoir par les incidents ou par des ordres dépourvus d'autorité. Sa tâche n'est pas achevée. Sauf quelques bataillons débandés, notre infanterie reste formée en groupes bien distincts; les unités se sont rapprochées sans se confondre; les vieux régiments français ou étrangers ne sont pas rompus; mais tous ont été canonnés, beaucoup ont reçu des horions, quelques-uns ont été bousculés; ils sont hésitants et prennent au mot les injonctions de La Vallière, qui croit toujours à la nécessité de la retraite. Sirot s'interpose de nouveau : « Face en tête! crie-t-il; personne ne vous poursuit; la journée n'est pas terminée. Nous ne pouvons abandonner notre général. A l'ennemi! je vous conduirai! » Déjà les officiers ramènent leurs hommes en levant les chapeaux : « A M. de Sirot! à M. de Sirot! » Et voilà que celui-ci leur montre au milieu d'un groupe de cavaliers le panache blanc du duc d'Anguien reparaissant là où l'on voyait le matin les escadrons d'Isembourg.

Rien ne peut rendre la surprise, l'émotion de tous, l'effet produit sur le soldat par l'apparition soudaine du duc d'Anguien sortant de cette mêlée furieuse, les cheveux épars, les yeux pleins d'éclairs, l'épée à la main. Ce n'est plus le jeune homme à l'aspect un peu délicat qui passait la veille devant le front des troupes; il est transformé; l'action l'a grandi; son visage irrégulier est devenu superbe; c'est le général obéi de tous; c'est le premier soldat de l'armée; c'est le dieu Mars [1].

Devinant en quelque sorte la pensée de son chef, cherchant à le seconder par son initiative intelligente, Sirot veut aussitôt tirer parti des courages ranimés. Il a rétabli une ligne d'environ huit bataillons, qu'il porte en avant. Placés en premier échelon,

[1] « Je ne songe point à l'estat où je trouvay ce prince qu'il ne me semble voir un de ces tableaux où le peintre a fait un effort pour bien représenter un Mars dans la chaleur du combat. » (Bussy-Rabutin, *Mémoires;* siège de Mardick.)

les Italiens n'attendent pas le choc de cette infanterie, car ils sont déjà pris de flanc et culbutés par nos chevau-légers. Mais le *tercio* de Velandia, qui venait ensuite, « ne branle pas ». Chargé, fusillé, il perd tous ses mousquetaires sans se laisser rompre, et, maintenu par son chef expirant, il recule à petits pas jusqu'à ce qu'il s'adosse au gros de l'infanterie. Grâce à la fermeté de ce régiment, les Italiens furent moins maltraités que les autres nations et purent se retirer, mal en ordre, sur les bois au nord, laissant deux de leurs mestres-de-camp et bon nombre de soldats sans vie sur le terrain. Les Français ne peuvent reprendre que les douze pièces par eux perdues le matin, encore renversées et à peu près hors de service. Le canon espagnol continue de tirer; son feu et les salves de la mousqueterie arrêtent le mouvement de la ligne française.

Isembourg reste quelque temps dans cette plaine qu'il avait un moment conquise et où il avait, pendant plusieurs heures, manœuvré et combattu avec autant d'habileté que de vaillance; il essaye de rassembler ses escadrons, trop dispersés peut-être; Vivero, un des lieutenants d'Alburquerque, l'a rejoint et l'assiste. De la droite, de la gauche, tous les cavaliers qui veulent ou peuvent encore se battre ont été conduits sur ce point par les incidents de la journée, mais ils sont enveloppés. Quand le vent de la fortune tourne, il ramène à celui qu'il favorise des secours inattendus; beaucoup de chevau-légers des troupes de La Ferté reparaissaient, des escadrons qu'on croyait anéantis se reformaient. Entre les revenants de la défaite de la gauche et les vainqueurs de la droite, la cavalerie d'Alsace fut écrasée. Isembourg est criblé de blessures, son cheval s'abat; il est pris un moment par un cuirassier de Gassion, puis dégagé; ses cavaliers, qui l'adoraient, l'entraînent presque mourant loin du champ de bataille. Un brave colonel, Savory, essaye de prendre sa place et veut tenter un effort désespéré contre l'infanterie française; il est frappé avant d'avoir pu charger, et les derniers débris des cent cinq cornettes qui, le matin, composaient la brillante cavalerie du roi catholique, sont dispersés.

Au bruit et au tumulte du combat succèdent, pour quelques instants, un silence et un calme presque aussi effrayants. Hommes, chevaux sont à bout; il faut à tous quelques instants de repos. Chacun semble se recueillir pour une lutte suprême. Le duc d'Anguien est auprès de Sirot, remet l'infanterie en ordre, veille au ralliement de la cavalerie de La Ferté; celui-ci a été tiré des mains de l'ennemi, mais blessé grièvement et hors de combat; Gassion empêche les fuyards de se rassembler et veille du côté du nord, guettant l'armée du Luxembourg, car Beck peut encore survenir. C'est le souci du duc d'Anguien, c'est le dernier espoir de l'infortuné Melo, que la défaite des Italiens a rejeté dans le gros des « Espagnols naturels ».

De toute l'armée du roi catholique, les *tercios viejos* sont seuls debout. Ils forment un rectangle allongé. Leurs rangs se sont grossis des épaves de l'infanterie frappée auprès d'eux : Bourguignons, Italiens, officiers sans troupe, cavaliers démontés ou blessés se pressent ou plutôt s'encadrent parmi eux, bouchant les vides, remplissant les intervalles déjà trop étroits qui séparaient les bataillons. Ils ne peuvent plus manœuvrer, ils sauront mourir.

M. le Duc attendra-t-il, pour reprendre

l'action, que ses escadrons soient reposés ou réunis, ses bataillons remis des chocs qu'ils ont reçus, le canon relevé ? — Mais, si l'infanterie espagnole essayait de se déployer, de prolonger ses lignes de feu ! — Que recèle ce grand rectangle, cette forteresse vivante ? — Et si Beck arrivait ! — Il faut battre le fer, user les forces de l'ennemi, lui rendre toute manœuvre impossible, le paralyser jusqu'au moment où on pourra le détruire. Cela coûtera cher peut-être ; mais la victoire est à ce prix. L'attaque commence sans délai ; les bataillons les moins fatigués ou les premiers rétablis s'avancent : Picardie et La Marine à droite, les Royaux, les Écossais et les Suisses au centre, Piémont et Rambures à gauche. M. le Duc est avec eux, suivi de ses gardes et de quelques escadrons qui ne l'ont pas quitté, prêts à se jeter dans la première brèche ouverte. Des mousquetaires précèdent la ligne pour engager l'escarmouche.

A l'un des angles de la phalange, un homme est élevé sur les épaules de quatre porteurs; sa longue barbe blanche le fait reconnaître : c'est le comte de Fontaine. Il a juré, dit-on, de ne combattre les Français ni à pied ni à cheval, et il tient son serment; car il est assis sur la chaise où le clouent ses infirmités, « montrant qu'une âme guerrière est maîtresse du corps qu'elle anime ». Tout est immobile en face de nous : Fontaine, sa canne appuyée sur son pied, les mousquetaires au port d'armes et derrière eux la forêt des piques. Les Français approchent; si quelque coup de feu de leurs enfants perdus porte, les rangs se resserrent sans nulle riposte. Les assaillants commencent à voir distinctement ces hommes de petite taille, au teint basané, à la moustache troussée, coiffés de chapeaux étranges, appuyés sur leurs armes.

Tout à coup la canne de Fontaine se dresse, dix-huit bouches à feu sont démasquées, tous les mousquets s'inclinent, une grêle de balles et de mitraille balaye le glacis naturel sur lequel s'avance la ligne française. Celle-ci flotte un moment, puis recule, laissant le terrain jonché de cadavres. Quand le vent eut dissipé la fumée, la phalange était de nouveau immobile, les mousquets relevés, Fontaine à la même place. Le duc d'Anguien a bientôt arrêté ses troupes ; deux fois il les ramène et deux fois encore il est repoussé. Ses gardes, les gendarmes sont décimés, son cheval blessé est tout couvert de sang ; il a reçu une contusion à la cuisse et deux balles dans sa cuirasse.

Cependant quelques vides se sont faits dans les rangs espagnols, les hommes semblent toujours impassibles et résolus ; mais la dernière décharge était moins nourrie; le canon s'est tu; les munitions manquent. On ne voit plus Fontaine sur sa chaise; il est là, gisant, la face en terre, le corps traversé par les balles; Dieu a épargné au vieux soldat la suprême douleur de voir enfoncer cette infanterie qu'il croyait invincible. Les Français étant parvenus à relever trois ou quatre des pièces qu'ils ont reprises, le duc d'Anguien fait abattre à coups de canon un des angles de la forteresse vivante. D'autres bataillons ont rejoint et prolongent notre ligne de feu. Gassion s'est rapproché avec ses escadrons; les chevau-légers de La Ferté, ralliés, menacent les *tercios* d'un autre côté. M. le Duc achevait ses dispositions pour ce quatrième assaut, lorsqu'on le prévint que plusieurs officiers espagnols sortaient des rangs en agitant leurs chapeaux comme s'ils demandaient quartier. Il s'avance pour recevoir leur parole ; mais, soit malentendu, soit accident, plusieurs coups de feu partent, sont pris pour un signal et suivis d'une décharge à laquelle le prince échappa par miracle et qui « mit les nôtres en furie ». Cavaliers, fantassins, tous s'élancent ; la phalange est abordée, percée de toutes parts. L'ivresse du carnage saisit nos soldats, surtout les Suisses, qui avaient beaucoup souffert aux premières attaques et qui font main basse sur ceux qu'ils rencontrent. Le duc d'Anguien, que personne n'avait dépassé, désarme de sa main le mestre-de-camp Castelvi ([1]), reçoit sa parole, celle de Garcies et de Peralta, seuls chefs survivants. Les vaincus, officiers, soldats, se pressent autour de lui, jetant leurs armes, implorant sa protection. Le prince crie que l'on fasse quartier, que l'on épargne de si

([1]) Manuscrit de La Moussaye.

braves gens; ses officiers l'assistent; le massacre cesse; les *tercios viejos* ont vécu!

Lorsque, le tumulte du combat apaisé, Anguien embrassa d'un coup d'œil ce champ de bataille couvert de débris fumants, ces longues files de prisonniers qu'on lui amenait, ces drapeaux qu'on entassait à ses pieds, tous ces témoins d'une lutte terrible et d'un éclatant triomphe, il se découvrit et son cœur s'éleva vers Celui qui venait de bénir les armes de la France: *Te Deum laudamus!*

Après la victoire, le duc d'Anguien donne ses ordres avec la même netteté, la même prévoyance qu'au milieu du combat. Il prescrit à ceux-ci de rassembler les trophées et les prisonniers dans le vallon qui avait séparé les deux armées, à ceux-là de remettre nos troupes en ordre et de reformer la ligne face au nord, à peu près sur la position qu'avait occupée les Espagnols;

car Beck peut encore apparaître avec ses troupes fraîches, grouper quelques fragments de la cavalerie vaincue, faire une dernière tentative. Il fallait être en mesure de le recevoir et tout d'abord avoir de ses nouvelles. Cette mission échut à Chevers, maréchal-des-logis de la cavalerie, qui, avec deux cents chevaux les moins fatigués, alla prendre langue du côté de Mariembourg, constata la retraite des uns, la déroute des autres, et ramena deux pièces abandonnées à l'entrée du bois. Tout nuage s'étant évanoui, le duc d'Anguien, après avoir pourvu au logement des troupes et au soin des blessés, sans distinction d'origine, fit son entrée dans Rocroy au son des cloches et au bruit du canon. Le gouverneur, Geoffreville, étant toujours malade et au lit, les clefs furent présentées par le major de place, Pierre Noël, qui avait dirigé la défense. Le prince le complimenta et félicita la petite garnison renforcée des bourgeois sous les armes, qui s'étaient vaillamment conduits ; un notaire, Lemoyne, avait été tué dans une sortie.

M. le Duc resta deux jours dans Rocroy. Il avait assumé toutes les responsabilités ; l'honneur de la victoire lui appartient sans partage. C'est lui seul qui, relevant le courage d'une armée abattue, l'avait portée d'une traite d'Amiens à Rocroy ; c'est lui qui avait jugé le plan de l'ennemi avec une rare sûreté de coup d'œil, pris la résolution de combattre, mené l'attaque, improvisé, exécuté la manœuvre décisive, ressaisi la victoire que certains de ses lieutenants laissaient échapper. Préparation de la campagne, stratégie, tactique, aucune partie ne semble donner prise à la critique [1]. Le récit de la *Gazette*, qu'on peut

(1) On a reproché au vainqueur de Rocroy : 1° d'avoir oublié un moment son rôle de général en chef, de

considérer comme un rapport officiel, et les lettres personnelles du général en chef accordent à L'Hôpital et à La Ferté le témoignage que méritait leur courage, en leur épargnant un blâme qui n'eût été que justice, s'il n'était permis, après un pareil succès, de se montrer indulgent pour les vieux serviteurs. Il est plus difficile de comprendre ce que le duc d'Anguien put louer dans l'attitude d'Espenan, qui paraît avoir joué un rôle purement passif et n'avoir donné aucune direction à l'infante-

s'être laissé entraîner par son ardeur, en conduisant l'aile droite et en négligeant la direction de la gauche et du centre; mais il ne pouvait prévoir que ses lieutenants enfreindraient ses ordres ou les comprendraient si mal; s'il n'avait pas été lui-même à la tête de l'aile victorieuse, il n'eût pu dégager l'aile battue par la manœuvre que son génie improvisa; 2° d'avoir compromis le succès en attaquant l'infanterie espagnole avec des forces insuffisantes et d'avoir ainsi causé une effusion de sang inutile; mais il ne pouvait pas laisser respirer un ennemi aussi redoutable, attendre qu'il se mît à manœuvrer ou que Beck arrivât.

rie placée sous ses ordres. Le véritable sentiment du prince se produit dans son insistance à faire récompenser Sirot et Gassion : la conduite du premier peut servir de modèle à tout homme de guerre appelé à commander une réserve ; le second, après avoir mené l'avant-garde avec une rare habileté, après avoir, par le secours de Rocroy, assuré ce répit de vingt-quatre heures dont l'importance ne saurait être exagérée, s'était montré, durant l'action, tacticien consommé. Ainsi que Sirot, il sut presque deviner la pensée de son chef et lui donner le concours le plus intelligent et le plus énergique.

La *Gazette* cite comme s'étant particulièrement distingués : Montbas (1), premier

(1) Montbas (François de Barthon, vicomte de), capitaine au régiment de cavalerie du cardinal de Richelieu à sa formation, 24 janvier 1638 ; mestre-de-camp-lieutenant de ce régiment devenu « Royal », 1er août 1643 ; maréchal-de-camp par brevet du 23 oc-

capitaine de Royal (cavalerie), qui, deux fois, pénétra dans le carré des *tercios*, y fut blessé, pris et « recous »; Pédamont, capitaine-sergent-major de Picardie, grièvement blessé (le nom de cet officier, qui s'était signalé par son énergie et sa présence d'esprit dans les premières heures de la bataille, disparaît à ce jour et mérite de ne pas être oublié); Hessy, major de Molondin; les mestres-de-camp Marolles, Menneville, vidame d'Amiens et La Prée; les colonels étrangers Raab, Wamberg et Sillart; les capitaines de Hédouville, de Laubespin, de Pontécoulant, etc. — L'infanterie française avait retrouvé sa confiance en elle-même; mobile, exercée aux manœuvres, elle avait bien supporté le canon, fait preuve de constance; il n'y eut

tobre 1646; lieutenant-général par pouvoir du 10 juillet 1652, mort le 23 janvier 1653, à l'âge de trente-neuf ans.

pas de débandade, les unités furent bien conduites, sans confusion, même au moment où la direction générale manqua. La force était dans les vieux régiments, et « la force de ceux-ci était dans les officiers », selon l'expression du duc d'Anguien (1), qui, quelques jours plus tard, s'élevant contre une de ces mesures d'économie malencontreuses, trop souvent répétées, réclamait le rétablissement de « l'enseigne (2) », supprimé dans chaque compagnie. — Quelle différence dans la conduite de nos escadrons lorsqu'ils suivaient Anguien et Gassion, ou lorsqu'ils étaient dirigés par La Ferté et L'Hôpital, à qui les longs services et le courage n'avaient pu donner le jugement et le coup d'œil! En somme, ce fut une glorieuse journée pour la ca-

(1) M. le Duc à M. le Prince, 23 mai. *Papiers de Condé.*

(2) Sous-lieutenant d'infanterie.

valerie française, une réhabilitation, une charge continuelle ou plutôt une suite de mêlées, d'engagements rapides, où le trot et le pistolet étaient plus employés que le galop et l'arme blanche. Cependant il y eut des chocs violents où l'épée joua son rôle; les blessures en témoignent [1].

Melo avait habilement tracé son plan; ses mesures étaient bien prises; l'exécution fut correcte jusqu'au moment où il se trouva en présence d'un adversaire audacieux; dès lors, l'inspiration lui fit défaut; son esprit fut comme paralysé; il se laissa surprendre, attaquer, battre sans pouvoir parer aucun coup, remédier à aucun accident. Il se conduisit honorablement sur le terrain, fut des derniers à quitter le champ de bataille; presque tous ses officiers fu-

[1] Les écrivains étrangers estiment que le nombre des officiers mêlés à la troupe fut une des causes de la supériorité de la cavalerie française.

rent tués près de lui ; un seul écuyer l'accompagnait lorsqu'il rejoignit Beck avant de s'arrêter dans la petite forteresse de Mariembourg, à six lieues de Rocroy. — Le comte d'Isembourg, la tête fendue, le bras cassé, s'en va d'une traite jusqu'à Charlemont (douze lieues); sa force physique était à la hauteur de son courage. Il lui avait manqué un certain degré d'autorité pour empêcher la dissémination de ses troupes ; mais il avait du coup d'œil sur le terrain et s'était montré bon officier de cavalerie, vaillant, tenace, rapide dans ses manœuvres. — Fontaine ne mérite pas le reproche d'inaction et de lenteur qui lui est adressé par divers écrivains; il ne sut peut-être pas s'affranchir des liens d'une méthode un peu étroite, mais il se préparait à soutenir les avantages de son aile droite et s'avançait en échelons, quand il fut arrêté par le désastre de sa gauche et de sa réserve. Il essaya alors de maintenir la position, de garder son infanterie et son artillerie comme un grand réduit pour permettre, soit à la cavalerie de se rallier, soit à Beck de le joindre. Le vieux soldat couronna glorieusement par sa résistance et sa mort une belle vie militaire ([1]). Le duc

([1]) Vincart fait disparaître Fontaine dès le début de l'action. C'est une erreur volontaire qui rentre dans le plan du « secrétaire des avis de guerre ». Le souvenir de ce vieillard, porté sur sa chaise et dirigeant le feu de son infanterie, était resté dans la mémoire de tous les acteurs et spectateurs du dénouement de la bataille, et Bossuet, dans son magnifique tableau, n'a fait que rendre l'impression générale. Suivant une tradition assez bien établie, le maréchal-de-camp-général espagnol fut renversé d'un coup de pistolet par un capitaine de Persan, Guimey, dans le second ou le troisième choc des colonnes d'attaque françaises contre les *tercios viejos*. — Encore une observation avant de quitter Vincart et sa relation. Il est physiquement impossible que Melo ait pris à tous les détails de l'action la part que lui assigne son panégyriste. Si l'on voulait tracer le graphique des évolutions que Vincart fait exécuter au capitaine-général dans la matinée du 19 mai 1643, on serait frappé du nombre de kilomètres auquel on arriverait.

d'Anguien traita ses restes avec honneur, les fit recueillir et les envoya à Mariembourg dans son propre carrosse, accompagné de tous les aumôniers et religieux que l'armée espagnole avait laissés dans ses lignes.

Beck aurait-il pu atteindre le champ de bataille en temps utile? Nous le verrons mourir en héros (1) et toute sa vie le met à l'abri d'un soupçon de faiblesse; il était, d'ailleurs, animé de la haine des Français; mais, habituellement farouche, ombrageux, il se trouva froissé comme d'autres par la politique du capitaine-général. D'abord désigné pour assiéger Rocroy, il vit Melo charger Isembourg de l'investissement, puis prendre en personne la direction du siège. On pourrait supposer qu'il se rendit sans beaucoup de zèle au pressant appel de

(1) A la bataille de Lens, 1648.

son chef; rien ne le prouve. Il était le 18 à ou devant Château-Regnault, sur la rive droite de la Meuse, à 32 kilomètres de Rocroy. Il fut prévenu tard, marcha toute la nuit à travers le pays le plus tourmenté de la région : la Meuse se creusant un lit profond et sinueux à travers le massif des Ardennes, tous les accidents de terrain acquièrent, auprès de cette rivière et de ses affluents, une valeur considérable. Vers six ou sept heures du matin, Beck débouchait des bois au nord de la place, à 8 kilomètres du champ de bataille; il ne pouvait faire plus vite, mais les fuyards étaient arrivés avant lui. Selon certaines versions, le désordre se mit aussitôt dans ses troupes; selon d'autres, et c'est le plus probable, il maintint sa petite armée; mais, craignant d'être entraîné par la cohue, il renonça à pousser jusqu'au champ de bataille, prit position, évita le contact des fuyards, les fit défiler devant lui et se retira ensuite. Peut-être a-t-il bien agi? Ce qui est certain, c'est qu'il ne perdit la confiance ni de son roi ni du capitaine-général et qu'il conserva sa popularité parmi les troupes.

Des six vieux régiments qui composaient l'infanterie espagnole des Pays-Bas, un seul, Avila, était resté en Boulonnois sous les ordres de Fuensaldaña; les cinq autres présents à Rocroy furent presque absolument détruits. — « Combien étiez-vous dans votre régiment? demandait un des officiers chargés du dénombrement des prisonniers. — Comptez les morts », répondit un capitaine castillan. Et ce n'était pas ce que Brantôme aurait appelé une « rodomontade d'Espagne ». — Comptons : deux mestres-de-camp, Velandia et Villalva tués; deux autres, Garcies et Castelvi, blessés et pris; le duc d'Alburquerque exerçant le commandement de la cavalerie, son régiment était conduit par le sergent-major Perez de Peralta, qui fut blessé et pris ainsi que le sergent-major de Rocaful ; tous les capitaines furent tués ou pris ; sur les six mille soldats, bas officiers, *alferes* (sous-lieutenants) ou officiers réformés servant comme soldats, quinze cents environ échappèrent ; tous les autres (4,500) furent tués ou pris (¹) — Deux mestres-de-camp italiens, le chevalier Visconti et Giovanni delli Ponti, gisaient parmi les morts, ainsi que le baron d'Ambise, mestre-de-camp wallon, Virgilio Orsini, etc. Ritberg, mestre-de-camp allemand, grièvement blessé, était prisonnier, ainsi que d'autres officiers de haut grade ou personnages de

(¹) Le 31 mai, Fabert envoya de Sedan à Mazarin l'état des « échappés de Rocroy », qui peut se décomposer ainsi :

1,600 Espagnols, 1,700 Italiens, 1200 d'autres nationalités, incorporés à Philippeville dans le corps de Beck ; 3,160 de diverses nations, dont 1,960 blessés, à Namur. Total, 7,660.

distinction : don Baltazar Mercader, lieutenant du mestre-de-camp-général, don Diego de Strada, lieutenant-général de l'artillerie, le comte de Beaumont, frère du prince de Chimay, le comte de Rœux, de la maison de Croy, le baron de Saventhem, fils du chancelier des Pays-Bas, le comte de Montecuccoli, don Francisco de la Cueva, don Manuel de Léon, etc. [1].

[1] Ces prisonniers étaient un grand embarras; jamais on n'en avait vu un tel nombre. Beaucoup étaient blessés; il était difficile de les soigner. Deux chirurgiens-majors belges sont les seuls officiers de santé qui figurent sur le rôle conservé au dépôt de la guerre; ce rôle est fort confus; les noms y sont tous mutilés. — On dirigea les groupes d'abord sur les villes ouvertes de la Champagne, Reims, Rethel et d'autres, ainsi que sur les places fermées, où cela causait une grande incommodité; puis, de là, le plus tôt qu'on put, dans l'Ouest, à Rouen, Caen, Alençon, Le Mans, Amboise, Loches, Nantes, Niort, ou dans le centre, à Nevers, Moulins, Clermont. Leur subsistance était mise à la charge des villes, qui réclamaient des compensations toujours promises et rarement données. L'écoulement par échange ou rançon dura fort longtemps.

Beaucoup, qui avaient essayé de fuir, furent assommés par les paysans. Ceux que les Croates ramassaient étaient aussi dans un certain péril; le baron de Saventhem resta quatre jours entre leurs mains, nu jusqu'à la ceinture, sans pouvoir se faire comprendre, jusqu'à ce qu'il eût la chance d'être reconnu par le comte de Quincé. Le chapelain-major de l'armée catholique n'avait guère été mieux traité. Placé entre deux feux au moment où il assistait Villalva, qui rendait l'âme, il fut blessé, saisi et dépouillé par les Croates. Le duc d'Anguien le tira des mains de ces bandits, et lui fit de grands éloges de Melo, que le bon prêtre accepta au pied de la lettre.

La perte des Espagnols peut être évaluée à sept ou huit mille morts, six ou sept mille prisonniers, presque tous blessés, vingt-quatre bouches à feu, cent soixante-dix drapeaux, quatorze cornettes, vingt guidons, dix pontons, un butin considérable, un trésor important [1], la chaise sur laquelle avait été tué le brave Fontaine [2] et le bâton de commandement abandonné par Melo [3].

Les Français comptaient environ deux mille hommes tués, dont trois chefs de corps, d'Ayen, d'Altenove et d'Arcambal, dix-huit capitaines et presque tous les gardes de M. le Duc [4], autant de blessés parmi lesquels nous remarquons, outre

(1) Un mois de solde pour toute l'armée.

(2) Cette chaise, donnée par le duc d'Anguien au major de place Pierre Noël, fut offerte par l'arrière-petite-fille de cet officier à l'un des derniers princes de Condé, qui la fit placer dans la galerie des armures de Chantilly. On la voit aujourd'hui au Musée d'artillerie.

(3) Ce bâton, tout couvert d'inscriptions, qui rappelaient les précédentes victoires du capitaine-général, a été célébré dans un petit poëme latin : *Canna Melonis, pugna Rocroyana;* Parisiis, 1643.

(4) Entre autres les deux officiers présents à la bataille, le lieutenant et l'exempt. Saint-Évremond, titulaire de la lieutenance, était absent.

L'Hôpital et La Ferté, les mestres-de-camp Beauvau, Persan et La Trousse.

Commencée entre trois et quatre heures du matin, la bataille de Rocroy était terminée à dix heures. C'était la victoire la plus complète et la plus éclatante remportée par nos armes depuis un siècle; il y avait cent ans que l'armée espagnole d'Italie avait été arrêtée dans la plaine de Cérisoles par François de Bourbon, comte d'Anguien.

FIN

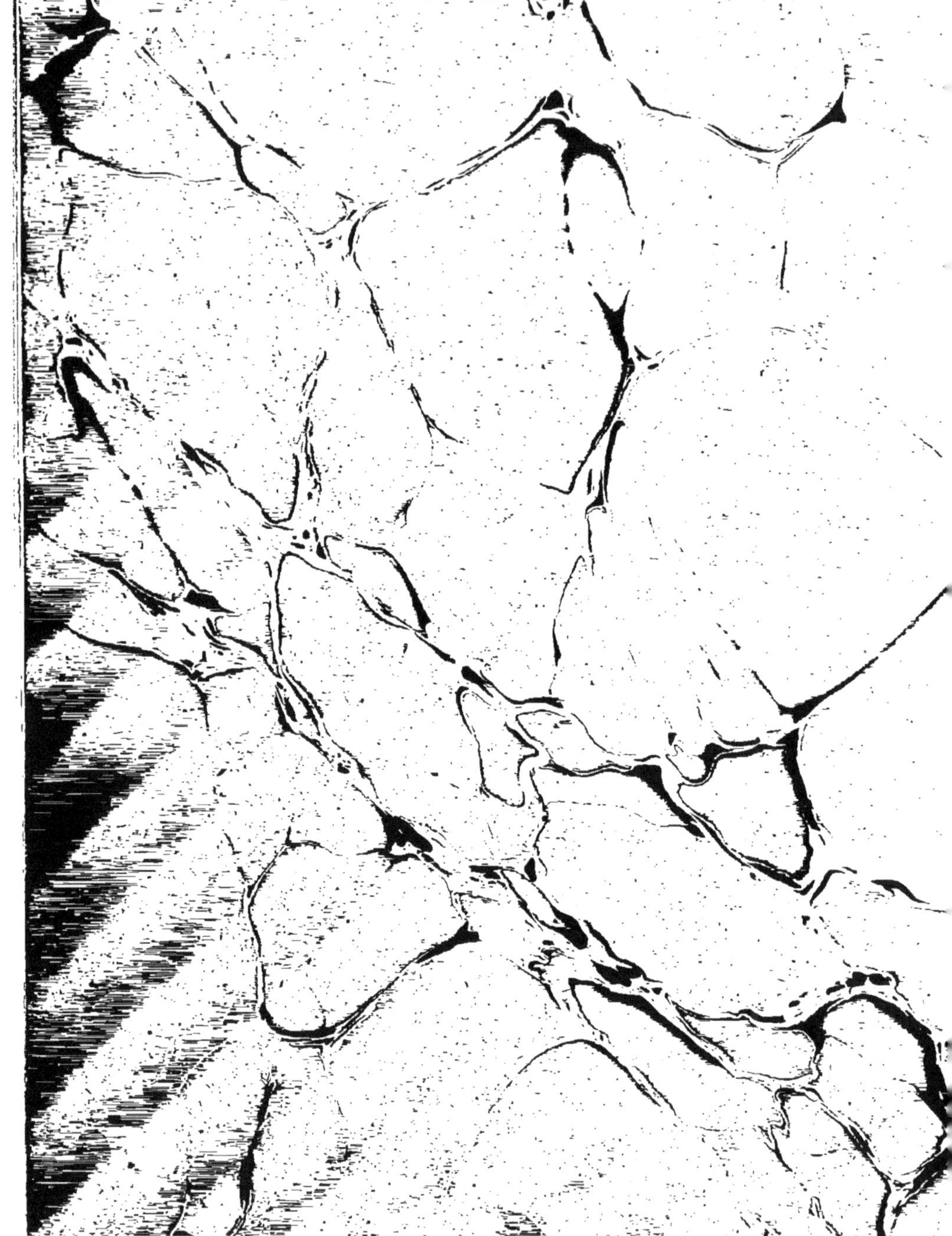

www.ingramcontent.com/pod-product-compliance
Ingram Content Group UK Ltd.
Pitfield, Milton Keynes, MK11 3LW, UK
UKHW020326230726
13925UKWH00002B/655